Ángeles González-Sinde

Rosanda y el ángel

Ilustraciones: Noemí Villamuza

edebé

© Ed. Castellana: edebé, 2011
Paseo de San Juan Bosco, 62
08017 Barcelona
www.edebe.com

Atención al cliente 902 44 44 41
contacta@edebe.net

Directora de la colección: Reina Duarte
Diseño de las cubiertas: César Farrés
© *Ilustraciones:* Noemí Villamuza

3.ª edición

ISBN 978-84-683-0302-4
Depósito Legal: B. 23991-2011
Impreso en España
Printed in Spain

Para mis generosas maestras
doña Marisa Barale
y doña Margherita Fincato,
y a los maestros y maestras
de las escuelas Waldorf de Aravaca
y Las Rozas, porque el de enseñar es el
oficio más importante del mundo.

Índice

1
Más de lo mismo

«Esto sólo podía pasarme a mí», pensó Rosanda. Increíble, pero cierto: había vuelto a ocurrir. Otra vez. Un problema gordo nacía en un supermercado. Rosanda nunca había pensado que los hipermercados fueran lugares peligrosos, pero para ella y su familia estaba claro que sí. Sobre todo si se mezclaba hacer la compra con hacerla deprisa. Porque el desaguisado se había producido por las malditas prisas.

Si Rosanda lograba alguna vez en la

vida ser presidenta o ministra o algo así de mandar, lo primero que iba a hacer es prohibir las prisas. Así de clarito. Ni más ni más, ni menos ni más. Como decía su abuela. Tajantemente. Fuera prisas. Fuera. Abolidas para siempre.

¿Y ahora qué iba a hacer ella? ¿Y cómo había podido ocurrir? ¿Y su padre? ¿Pero no se daba cuenta?

Habían entrado en el supermercado los dos de la mano, tan contentos. El padre la había recogido de la piscina, porque ahora Rosanda iba a clase de natación.

La natación es una cosa que está muy bien cuando has terminado de hacerla, pero que antes de hacerla preferirías escaparte a la Luna o esconderte en el fondo del armario de las escobas con tal de no ir.

Porque da pereza. Da pereza cargar

con una bolsa de deporte. Pero más pereza aún da desvestirse en una fría tarde invernal, ponerte un bañador, un gorro que te hace feísima y unas gafas que no te cuento la cara de hormiga que te hacen, y meterse en una piscina de agua fría así por las buenas, sin tener calor ni ganas ni nada. Qué flojera. Luego ya, cuando estás nadando, aunque el agua esté semicongelada, entras en calor y lo pasas bien. La clase pasa volando. Pero antes, ¿a quién le apetece nadar? A nadie. A nadie. Dijera lo que dijera la madre de Rosanda, la natación no es el tipo de actividad con la que uno sueña en invierno. Nadie en sus cabales se pide en la carta a los Reyes: «Queridos Reyes, este año quiero unos patines, una consola de juegos y unas clases de natación en agua fría. Y si son tres veces a la semana, mejor que dos.» Pues no, eso no pasa nunca.

Pero la madre de Rosanda era terca, ya la conocéis, y se había empeñado, y ahí tenéis a Rosanda, martes y jueves chapoteando.

Pues bien, ese martes el padre recogió a Rosanda de la piscina, con el pelo húmedo porque Rosanda nunca se lo secaba bien. Se metieron en el coche y, hala, al supermercado. Tan ricamente estaban eligiendo postres cuando, ding-dong-ding-ding-dong, una campanita y una voz de señorita habían anunciado que quedaban cinco minutos para que el supermercado cerrara y que más valía que los clientes fueran ya para las cajas a pagar.

—¡Cinco minutos! ¡Pero si no he comprado todavía ni la verdura ni el pescado! —exclamó el padre de Rosanda y, pisando el acelerador imaginario al máximo, hizo volar su carrito pasillo abajo—. ¡Termina tú con los yogures! —le había gritado antes de desaparecer a Rosanda, que dudaba entre las natillas, la gelatina o unas cuajadas.

Ella hubiera comprado las tres cosas, pero su padre decía que era demasiado.

En eso estaba, resolviendo sus dudas, con lo difícil que es, a punto de escoger unas botellitas de yogur bebible que a Mauro le gustaban mucho, cuando se apagaron las luces. Sí, sí, sí, el supermercado se quedó completamente a oscuras y en silencio. Ni música por los altavoces, ni señoritas avisando de una oferta, ni pescaderos cantando el número que toca atender. Sólo se oía el zumbido de las neveras y las cámaras de congelación, que es una cosa bastante triste, la verdad. Y más si estás a oscuras.

«¿Qué pasa?», se preguntaba Rosanda. ¿Un apagón? ¿Y su padre? ¿Qué hacía que no venía a buscarla?

—Papá... ¿Papá...? —le llamó Rosanda.

Pero nadie, absolutamente nadie detrás de ese oscuro silencio contestó.

2
El pasillo de los juguetes

Rosanda intentó llegar a la salida. Tanteando, para no tropezarse, llegó junto a las cajas. Al fin tocó las puertas de cristal. Estaban férreamente cerradas. Dentro del hipermercado no quedaba nadie.

Sólo ella.

En el aparcamiento los últimos coches se marchaban. Su padre metió con prisa las bolsas de la compra en el maletero, devolvió el carrito y recuperó la moneda. Desde el otro lado de la cristalera, Rosanda lo llamó:

—¡Papá, papá, que estoy aquí!... ¡Papá, no te vayas!

Pero sus gritos no sirvieron de nada. Su padre no podía oírla.

Rosanda vio el coche arrancar y alejarse definitivamente.

Su padre se había olvidado de ella. Así, como se olvida uno un paraguas en un bar, su padre se había olvidado una niña en un supermercado.

«¿Y ahora qué?», pensó Rosanda. No sintió miedo, porque sabía que antes o después su padre la echaría de menos y su madre lo mandaría de vuelta a recuperarla. El único problema era cómo iba a poder abrir su padre las puertas cerradas del supermercado si no tenía la llave. Bueno, seguro que encontraba la forma.

¿Y qué podía hacer ella mientras venían

a buscarla? Rosanda pensó que sería mejor entretenerse. El tiempo pasaría más rápido. Se dispuso a dar un paseíto por la tienda vacía. El único inconveniente era la oscuridad, pero entonces se acordó de que en un centro comercial hay de todo, también una sección de linternas.

Allí se dirigió. De camino tuvo que pasar por la sección de juguetes y, sinceramente, deseó que sus padres se retrasaran para disfrutar un poco de esos estantes repletos de maravillas. Quedarse encerrada en un gran almacén tampoco era tan mala cosa.

Eligió una linterna bien gorda y le puso pilas. ¡Ajá! La luz se hizo. Esto era otra cosa. Volvió al pasillo de los juguetes y empezó a abrir cajas. Total, nadie la veía.

Sacó muñecas, sacó juegos de cartas, sacó disfraces, sacó juegos de mesa, sacó juegos de habilidad, de espías, de médicos, de maquillaje, de tatuajes, de imanes y hasta rompecabezas sacó, y al final sacó una consola electrónica. Cargó su juego favorito, ese que su madre nunca le compraría porque estaba en contra de las maquinitas. Jugó y jugó no sé cuánto tiempo, porque Rosanda no llevaba reloj, y entonces pensó que estaría bien tener un reloj y poder saber la hora. Y dejó el videojuego.

Como el hipermercado era tan grande, Rosanda decidió usar una de aquellas bicicletas que, ordenadas en filas, esperaban que alguien las comprara. Probó unas y otras hasta que encontró la de su tamaño. Había aprendido a montar en bici hacía

poco y empezó despacito, pero enseguida pedaleaba a toda velocidad por los pasillos del súper.

Cuando había pasado tres veces por la sección de congelados, se fue con su bici y su gran linterna a la sección de relojes.

Los había de señora, de señor, elegantes, deportivos y también los había de niños. Rosanda eligió uno bastante divertido con frutas en el lugar de los números, de manera que te podían preguntar «¿qué hora es?» y tú podías contestar «las fresas menos plátanos», que es bastante más gracioso que lo de las «carne menos hueso».

Se puso su reloj. Se había pasado hace rato la hora de la cena. Sintió hambre.

Cogió unos huevos en la sección de

huevería, un paquete de jamón york en la de charcutería, un quesito en la de lácteos y una botella de aceite en la de condimentos. Se fue a la sección de electrodomésticos y encendió una vitrocerámica que tenía descuento. Mientras se calentaba, fue a la sección de menaje y escogió una sartén antiadherente con garantía de tres años y un plato irrompible de vidrio tensado tres por el precio de dos.

Así pertrechada, se cocinó una tortilla subida en un taburete de la sección de plásticos y luego se la comió en un conjunto de mesa y sillas de la sección mueble actual.

Bueno, había cenado, había jugado. ¿Qué más podía hacer? Volver a la sección de juguetes no le apetecía, así que decidió ir a la zona de televisores. Como no sabía cuál era mejor, si la pantalla plana, el tubo, el TFT, el *multitronic,* el digital *superflash* o el plasma, porque todas las etiquetas decían que aquél y no otro era el mejor, decidió encenderlos todos. Puso un canal en cada uno y se sentó a ver la tele. En realidad, a ver las teles.

Poco a poco le fue entrando el sueño, y sus padres no venían, pero tampoco se preocupó porque sus padres solían llegar tarde a todo. Quizá simplemente estaban buscando la llave de esas puertas de cristal. No era grave. En cualquier caso, cuando amaneciera, la tienda se abriría como todos los días y ella podría salir y volver a casa.

¡Uuuuuhhh, qué sueño! Consultó su reloj de frutas. Eran las mandarinas y media. En poco rato serían las peras en punto. Una hora a la que normalmente ella estaba en la cama y durmiendo desde hacía rato.

Fue a la sección de somieres y colchones. Puso una sábana y un edredón de la sección ropa de cama y, con una almohada cervical Butterfly Pillow de la sección de descanso anatómico, se acostó.

3
Butterfly Pillow

«Me siento como si hubiera hecho los deberes de todo un año», pensó Rosanda antes de dormirse. Y no era para menos. En poco rato, había hecho muchísimas cosas, con una simple linterna por toda ayuda. Se sentía cansada, y era natural.

Se durmió, pero al poco se despertó porque le dolía el cuello. Faltaba la almohada Butterfly Pillow cervical. Rosanda pensó que se le habría caído al suelo, así que encendió la linterna. Pero en el suelo no había nada, sólo sus zapatos y unas zapatillas muy chulas con lucecitas que se encendían cada vez que golpeaban el suelo y que había cogido de la sección de zapatería.

«¿Pero dónde ha ido a parar esta almohada?», se preguntaba Rosanda. No estaba ni en el lado derecho ni en el izquierdo, así que se colgó de la cama y, cabeza abajo, apuntó con la linterna bajo el somier.

En efecto allí estaba la almohada, pero no había ido a parar al suelo por su propio gusto. Con toda probabilidad había sido llevada allí por la persona cuya cabeza reposaba encima.

Rosanda no se lo podía creer: ¡había otra niña olvidada en el supermercado! ¡Y dormía bajo su cama! Rosanda apuntó a la cara de la niña. ¿Era una niña o era un niño? No estaba muy claro. Tenía el pelo largo y podía ser una niña, pero también tenía rasgos de chico. Bueno, si era chico o chica, eso era lo de menos, lo importante es que Rosanda no estaba sola en el gran supermercado y que había más padres despistados aparte del suyo.

Lo que no se explicaba Rosanda es por qué no se habían cruzado antes, cuando ella daba vueltas en bici por los pasillos entre los congelados y la sección de electrodomésticos. Quizá esta niña o niño no había tenido la idea de buscar una linterna como ella y, en la oscuridad, no se había atrevido a moverse. Pobrecillo o -cilla. Y además ahora dormía en el suelo, con lo duro y frío que podía ser.

—Chhist..., oye..., despierta... Súbete

a la cama, que se está mejor —Rosanda le tocó el hombro.

El niño o niña abrió los ojos y éstos mostraron el horror y el espanto de quien ha visto un fantasma.

—No pasa nada, no te asustes. Yo también me he quedado olvidada, o sea, encerrada. ¿Cómo te llamas? —preguntó Rosanda.

De un brinco, la chica o chico salió de su escondite y echó a correr hacia la sección de música y películas.

—¡Eh! ¿Adónde vas? Espera…

Rosanda echó a correr detrás de él/ella. Ahora parecía más claro que era una chica, porque en lugar de pijama llevaba un largo camisón. Lo que ocurre es que corría que se las pelaba.

—Espera…, no corras.

Rosanda tuvo una idea, cogió una bici y fácilmente alcanzó a la del camisón.

—Ese camisón es muy bonito, pero no lo he visto en la sección de niños. ¿Es alguna oferta especial?

—Esto no es un camisón —dijo la del camisón—. A ver si hablas con propiedad y respeto.

¿¡Respeto!? ¿Se permitía hablar de respeto esta persona que le había mangado a Rosanda su almohada en pleno sueño? Rosanda la escrutó más detenidamente con el faro de la bici. Pero ¿qué es eso que asomaba por la espalda?

—Aaaahh..., ya lo entiendo. No estaba en la sección de pijamas porque no es un pijama, es un disfraz. Oye, qué bonitas son las alas. ¿A ver? ¿Me las dejas?

Rosanda echó mano a una de las alas, pues eran dos hermosas alas blancas de buen tamaño lo que sobresalía de los hombros de la otra niña olvidada, pero la niña (o niño) se retiró de un salto.

—No me toques.

—¿Pero qué te pasa?

La niña olvidada dudó antes de contestar.

—Que me duele.

Rosanda se calló. ¿Cómo te puede doler un ala de un disfraz? Esta niña/niño era muy rara.

—Me he caído —empezó a explicarse—. Me caí hace una semana. Me enganché con unos cables que cruzaban el cielo, me caí sobre un camión que circulaba por una carretera y vine a parar aquí.

—¿Cómo dices? —Rosanda no entendía nada.

—En cuanto me cure, me marcho. Tú lo que tienes que hacer es no decir nada. Porque tú… ¿qué haces aquí?

—Yo…, bueno…, yo vine con mi padre a hacer la compra y cerraron el supermercado y a mi padre se le olvidó que me había traído y se fue corriendo a casa sin mí.

—¿Y nadie te echa de menos?

—¿Y a ti? —quiso saber Rosanda.

—No, a mí, no. Somos cientos.

—¿Cientos?

—Sí, miles, no sé, muchísimos.

—¿Miles de hermanos y hermanas?

—Sí.

Rosanda cada vez entendía menos.

—Pero… ¿cómo pueden tener miles de hijos tus padres?

—No, yo no tengo padres.

—Ah, bueno —ahora Rosanda entendía.

Seguramente esta niña (¿o era un niño?) vivía en un orfanato junto con otros muchos niños.

—¿Te gusta disfrazarte?

La otra niña olvidada se encogió de hombros.

—No lo sé.

—Entonces, ¿por qué te has puesto ese traje?

—¿Qué traje?

4
Albricias

El traje era blanco, largo y con ribetes dorados. Por la espalda había dos aberturas de las que salían sendas alas, blancas también. Rosanda se fijó mejor y se dio cuenta de que en la cabeza el chico-chica llevaba una cinta dorada que cruzaba su frente, y sus pies estaban descalzos.

—Esta ropa es la que llevo siempre. ¿No te gusta?

—Sí, sí me gusta —contestó Rosanda—. Lo que ocurre es que... —Rosanda no terminó la frase porque no sabía cómo decirle delicadamente que la gente no va por la vida en camisón a todas horas.

—No tengo otra cosa y además, es por las alas, ¿sabes? Ya he mirado un poco por aquí si había algo que me sirviera, pero claro, las alas no caben —se justificó el chico-chica.

—¿Y no tienes frío en los pies?

La chica-chico asintió.

—Sí, pero me aguanto.

—Anda, vamos.

Rosanda se lo llevó a la sección de zapatería y pronto encontró unas botas calentitas, pero la otra niña o niño olvidada protestó:

—No sé atarme los cordones.

A Rosanda esto le sorprendió. Aunque en su clase había gente que todavía no había aprendido, en realidad con ocho años bastante gente sabe atárselos.

—Pero ¿cuántos años tienes?

—Dos mil setecientos veintiocho.

Rosanda se echó a reír.

La chica-chico sonrió por primera vez y empezó a reírse también. Después dijo:

—Me llaman Albricias.

—¿Patricia?

—No, Patricia, no. Al-bri-cias.

—¿Y es nombre de chico o de chica?

—Bueno, yo… Nosotros no somos ni chicos ni chicas.

Rosanda cada vez entendía menos cosas.

—Vosotros… ¿Quiénes sois vosotros?

—Pues los ángeles.

¡Acabáramos! Con razón no era ni chico ni chica ni llevaba zapatos ni uniforme de colegio. Rosanda se había encontrado con un ángel, un ángel herido y cautivo, como ella, en un gran hipermercado.

—Pero... ¿tú eres un ángel de verdad?

—Por supuesto. ¿Qué pensabas que era con este pedazo de alas?

—No lo sé. Yo nunca había visto antes un ángel. Bueno, sólo en los libros y en el belén que ponemos en mi casa por Navidad.

—Pues me parece raro, porque ya te digo que somos muchísimos. Cientos.

—¿Y nunca crecéis, siempre sois niños?

—Sí, es mejor así. También hay arcángeles, que son gente grande, pero para muchas tareas no sirven. Somos mejores nosotros.

Rosanda se quedó pensando.

—¿Albricias?

Albricias asintió.

—¿Y llevas aquí una semana encerrado?

—Encerrado, escondida y aburrido. Y lo peor es que mi ala no mejora y me estoy empezando a desesperar.

Y en esto Albricias desplegó sus alas, que tenían una envergadura importante y casi tiran un estante de colines y pan de molde integral. Pero antes de que las alas se pudieran desplegar completamente, le salió un «¡AY!» muy sonoro y se volvieron a cerrar.

Rosanda estaba bastante impresionada, pero también le empezaba a entrar un poco de pena por aquel ángel perdido.

—¿Te gustaría salir de aquí?

—Natural. Pero si intento salir y me ve alguien, ¿qué crees que harían conmigo?

Rosanda no supo contestar.

—Te aseguro que nada bueno. Mira lo que hacen con los pájaros. Acabaría en una jaula, sin poder volar.

—Sí, eso es cierto.

—O en un museo, en un zoológico o en cualquier lugar donde me estudiarían y de donde no me dejarían escapar jamás.

—Y en la tele —señaló Rosanda—, seguro que saldrías en la tele.

—Exacto. Y eso no puede ser. La vida de los ángeles es secreta. Y nuestras misiones también.

Rosanda miró a su nuevo amigo o amiga.

—Te digo una cosa, Albricias. Yo sé

guardar un secreto y, si te fías de mí, te ayudo a salir de aquí.

—¿En serio?

—Sin que te vea nadie. Prometido.

Albricias volvió a sonreír y, ahora sí, se puso las botas calentitas que Rosanda había elegido.

—Mejor que descalzo-descalza, ¿no?

—Mejor —dijo Albricias.

5
La fuga

Estaba amaneciendo y Albricias y Rosanda se habían quedado por fin dormidos o dormidas. No iba a ser un descanso muy largo, porque antes de que llegaran los primeros trabajadores al hipermercado, sonó la alarma de un despertador que Rosanda había cogido de la sección de pequeños electrodomésticos.

¡Oohh, qué pereza levantarse! Rosanda se estiró en la cama.

—Por eso yo prefiero dormir debajo de la cama —explicó el ángel—. Nadie mira y puedo roncar tanto rato como quiera.

—Ya, pero el suelo está durísimo —dijo Rosanda.

—Desde luego. El suelo no es como la nube donde me acuesto normalmente.

—¿¡Una nube!? —Rosanda estaba admirada.

—Sí, es una nube tan mullidita... La extraño mucho.

—¿Y tienes madre y padre?

—Noooo... —dijo el ángel escandalizado—. Eso es para vosotros, los humanos. Nosotros no nacemos de un padre y una madre, sino de una voluntad.

Rosanda no dijo nada porque todo esto era bastante difícil de entender y no quería que su nuevo amigo o amiga pensara de ella que no se enteraba de nada. El ángel

debió de darse cuenta de su desconcierto, así que siguió explicando:

—Nosotros somos seres espirituales, no materiales. Nacemos de muchas cosas, pero sobre todo de las cosas que las personas como tú son por dentro, de lo que pensáis y de lo que sentís.

—Más vale que nos levantemos o mi plan se irá al garete —sugirió Rosanda, por cambiar de tema, porque tampoco con esto último se estaba enterando de nada.

—¿Qué es el garete? —preguntó el ángel.

—Una cosa que dice mi abuela —contestó Rosanda, a quien también le gustaba hacerse la misteriosa y decir cosas difíciles—. Significa que algo sale mal.

Ya se habían levantado y calzado. No

se preocuparon de hacer la cama ni de devolver el despertador a su sección, porque como no era una casa con una madre que te regañara por dejarlo todo al retortero (otra expresión de la abuela), podías permitirte ese lujo y vivir como en un hotel, *à la grande du monde* (esta expresión era de Juan Antonio Cortés, no de la abuela).

Rosanda tomó de la mano al ángel y juntos, con mucho cuidadito, se fueron acercando a la zona trasera del hipermercado, donde estaban los almacenes.

—Está muy oscuro —dijo el ángel.

Rosanda sacó la linterna, pero no se decidió a encenderla.

—Es que si ven la luz, quizá nos detengan —explicó Rosanda—, y entonces el plan se va…

—Al garete —terminó la frase el ángel, y se rió, pero bajito para que no les oyeran.

En realidad no estaban muy seguros de si seguían solos o ya había entrado algún empleado. Nada se movía en el enorme almacén. Cajas y cajas de los productos más variados se apilaban en inmensas torres formando callecitas y callejuelas como en una ciudad de cartón, impidiendo ver lo que ocurría en la otra punta.

—Nos vamos a quedar aquí, pegaditas a la puerta. En cuanto entre el primer camión a descargar, nosotras salimos disimuladamente —dijo Rosanda.

—¿Y adónde vamos?

Rosanda miró al ángel. Dios mío, tenía razón: ¿dónde iban a ir? Ella sabía el nombre de su calle, y sabía llegar allí desde el colegio, pero no desde ese supermercado que estaba bastante alejado.

—Podríamos preguntar a un policía —dijo Rosanda—, pero me da miedo que pase eso que tú dices y te lleven a un zoo.

—O a la tele —dijo el ángel con preocupación.

—Sí, también —contestó Rosanda mirando la pinta de Albricias con unas botas calentitas y normales, pero un camisón de bordes dorados y dos alas tremendas en la espalda.

Así no iban a poder llegar ni a la esquina.

—Anda, vamos para dentro —sugirió Rosanda.

Albricias obedeció sin rechistar. Parecía cansado. Sus alas casi arrastraban por el suelo y Rosanda comprendía ahora la expresión «alicaído» que tanto usaba su madre para describir los días en que uno anda que ni fu, ni fa, medio tristón, medio cansado, medio débil.

—Tengo que vestirte de otra manera y tenemos que conseguir un teléfono.

Rosanda, ahora ya con mucha prisa, pues no quedaba mucho tiempo para que abriesen el hipermercado al público y se llenara de trabajadores y clientes, eligió un abrigo amplio que disimulara las alas. También escogió unos pantalones que el ángel se puso con dificultad.

—¿Qué te pasa? —preguntó Rosanda.

—No lo sé. Me pesan las piernas, me pesan las manos...

Rosanda le tocó la frente como su madre hacía cuando se quejaba de cualquier malestar.

—Ardes. Creo que tienes fiebre.

Rosanda le ayudó a atarse las botas y, ahora ya casi a la carrera, se dirigieron a la zona de información donde había muchos teléfonos.

—¿Tomi? Hola, Tomi —qué contenta estaba Rosanda de haberse aprendido de memoria el número de teléfono de su compañero Tomi—. Tomi, tengo un problema, un problema muy grande, pero no se lo puedes contar a nadie…

6
En taxi

Las luces se encendieron. Las cajeras ocupaban ya sus puestos y ponían en marcha las registradoras. Y cuando un instante después las puertas de cristal se abrieron y entraron los primeros clientes empujando sus carritos, Rosanda tomó de la mano a Albricias y salieron del hipermercado sin mirar a nadie, disimuladamente, como dos niños normales que pasan por allí.

Tal y como había previsto Rosanda, fuera había un taxi. Y en el taxi estaba Tomi. No conduciendo, claro, que los pies todavía no le llegaban bien a los pedales ni veía por encima del volante, sino sentado en el asiento de atrás.

—Hola.

—Hola.

—Éste es Albricias... Éste es Tomi —Rosanda hizo las presentaciones y luego le dio la dirección de su casa al taxista.

—¿No vamos al cole? —preguntó Tomi.

—Mira, Tomi —dijo Rosanda —me parece difícil meter a Albricias en clase y que la señorita Nati no pregunte nada.

—Sí, claro, eso es verdad —dijo Tomi.

—Además, Albricias está enfermo.

Era cierto. Albricias no mejoraba. Recostado en el asiento del taxi, tenía los ojos cerrados y estaba paliducho.

O paliducha.

—¿De verdad es un ángel? —preguntó muy bajito Tomi a Rosanda.

Rosanda levantó un poco el abrigo de Albricias.

Tomi pegó un brinco. En su vida había visto dos alas como ésas.

—¿Pero es chico o chica?

—Eso no se sabe —explicó Rosanda haciéndose la importante y hablando también muy bajito—. Los ángeles no son ni niño ni niña, no tienen ni padre ni madre ni perrito que les ladre. Nacen de las cosas del mundo y se ha acabado. Eso es todo lo que necesitas saber.

Tomi se quedó callado, muy impactado ante los conocimientos de Rosanda.

El resto del trayecto lo hicieron en silencio: Tomi mirando de reojo a Albricias; Albricias quejándose de que le dolía la cabeza; Rosanda haciendo esfuerzos por no quedarse dormida con la musiquilla que llevaba el taxista en la radio. El taxista enfiló la calle de Rosanda y ésta dijo:

—Hacemos una cosa. Te quedas con él en el portal, en el hueco de las bicis y las sillas de bebé. Allí no os verá nadie. Yo subo a mi casa y, cuando vea que está todo tranquilo, os aviso.

—¿No se lo vas a contar a tus padres? —preguntó Tomi.

Rosanda contestó:

—Ya sabes cómo son los padres. No me dejan tener un gato. ¿Tú te crees que me van a dejar tener un ángel? Es mejor que de momento no sepan nada.

—¿¡Pero te lo vas a quedar!? —preguntó Tomi escandalizado.

—No me lo voy a quedar, hombre, le

voy a ayudar hasta que se ponga bueno o buena o lo que sea, y cuando pueda volver a volar, que se marche.

—Ah, bueno, qué susto.

—Tomi, es un ángel, no es un palomo como el que encontramos en el patio del colegio. Es una persona. Bueno, un niño, una niña, bueno un... Tú ya me entiendes.

—Pues aquí estamos. Son dieciséis euros con quince —dijo el taxista.

Se bajaron. Rosanda llamó al telefonillo y sus padres se llevaron la alegría del siglo al escuchar su voz. Bajaron corriendo, pero para entonces Tomi y Albricias ya estaban bien escondidos.

Su padre pagó el taxi mientras la madre de Rosanda la abrazaba muy fuerte y lloraba.

—Ay, mi niña, ay, mi niña... —decía. No tenía voz para más. Pobre mujer, toda la noche sin pegar ojo, desesperada porque no encontraban a Rosanda.

Rosanda estaba sorprendida. No se podía ni imaginar que sus padres hubieran estado tan angustiados. Total, por una noche encerrada en un supermercado que a ella se le había pasado volando. ¿Cómo estarían los padres o los compañeros o lo que fuera de Albricias entonces? Él llevaba mucho más tiempo fuera del cielo.

7
Pacientes impacientes

—Mami, ¿no tienes que ir al trabajo o a la compra o a algo?

Rosanda quería echar cuanto antes a sus padres de casa para sacar de su escondite a Tomi y al ángel, que cada vez estaba más pachucho. Necesitaba quedarse sola, cosa bien difícil para una niña de ocho años.

—No, hoy no iré a la oficina —dijo su madre—. Hoy me quedaré contigo, todo el día pegada a ti, sol de mi vida.

Vaya por Dios. Siempre pasa lo mismo.

Justo cuando no quieres que tus padres te hagan caso, van y te hacen caso.

—Pero, mami... —intentó protestar Rosanda—, vete tranquilamente. Seguro que hoy es un día importante en tu empresa. Yo no me lo perdería.

—¿Y dejarte aquí sola? Ni hablar —insistía su madre.

—Si a mí no me pasa nada. ¿Ves, mami? Estoy superestupendamente.

—Que no, mi coliflor, que no... —su madre se negaba en redondo a moverse.

¿Qué podía hacer Rosanda?

—¿Y poner una lavadora, mami, no quieres poner una lavadora y luego tenderla y plancharla?

Rosanda calculaba que eso la tendría entretenida suficiente tiempo como para meter en casa a Tomi y el ángel.

—Pues… no lo había pensado.

—Piénsalo, mami. Hay montañas de ropa sucia —Rosanda quería ser convincente.

Pero su madre no se movía. Sólo la besaba y abrazaba como si no la hubiera visto en siete siglos. Rosanda tenía los mofletes aplastados de tantos besos y se los tenía que pellizcar de vez en cuando para asegurarse de que seguían allí y no se le habían caído al suelo.

—Mami, ¿y el pan? ¿No piensas ir hoy a por el pan? Tampoco tenemos yogures.

Su madre abrió la nevera.

—Pues es verdad. ¿Te apetecen mucho?

Rosanda tenía que sacarla de casa fuera como fuera.

—Sí, mami, muchísimo. Me apetecen yogures y flanes y natillas y cuajadas... Tengo un hambre... Quiero también un bocata de pan recién hecho.

—Mecachis en la mar —dijo la madre preocupada.

—Bajo yo a la panadería —propuso el padre.

—No —dijo la madre—. Vete a trabajar, Octavio, que es tardísimo. Bajo yo. Tus pacientes esperan impacientes.

Los padres se dieron un beso y el padre salió. Pero antes le guiñó el ojo a Rosanda, cosa que a Rosanda le gustaba bastante.

Entonces Rosanda se acordó de algo, así que salió corriendo tras él.

—¡Papá! —por suerte Rosanda todavía le pilló llamando al ascensor.

—Dime, hija.

—¿Qué harías tú con alguien que tiene un ala rota?

—¿Cómo dices? —el padre no entendía nada.

Rosanda intentó improvisar:

—Bueno…, es que…, o sea… Verás… en el colegio ayer apareció un pájaro que no podía volar y yo dije que podría curarlo.

—¿Un pájaro? Pero… ¿un canario, un gorrión, un mirlo? ¿Qué clase de pájaro?

—Pues un pájaro así como… Como un águila. Más grande que pequeño. Tirando a muy grande. ¡Como un avestruz…!

—Un avestruz en el colegio… Qué cosa singular —el padre estaba asombrado.

—Sí, papi, mucho. No sabes qué impresión —dijo Rosanda, que le estaba cogiendo el tranquillo a esto de mentir—, allí, en mitad del patio, apareció de repente. Creemos que se cayó mientras volaba.

—Tenía entendido que los avestruces no vuelan, corren. Pero bueno, yo no soy biólogo.

—Éste vuela —especificó Rosanda—, vuela bajo, pero vuela. Hasta que se le rompió el ala, claro.

—Un ala rota... Ya. Pues no sabría qué recetarle —contestó el padre de Rosanda—, porque no son mi especialidad los avestruces, Rosanda, pero supongo que lo lógico sería limpiar y desinfectar primero, inmovilizar después e intentar que el pájaro guardase reposo hasta que el hueso soldara.

Rosanda tomaba nota de todo.

Sin embargo, su padre no se había quedado conforme:

—¿Y no será mejor llevarlo al veterinario? Hay pájaros que contagian enfermedades. No lo andes manipulando si no está sano. A saber de dónde ha salido. Además, un bicho tan grande puede ser muy peligroso.

Rosanda notaba que con lo del avestruz se había metido en un lío y que como su padre preguntara un poco más, iba a sacarle la verdad.

—No te preocupes, papi, tú sólo tráeme vendas para arreglar huesos rotos, ¿vale? Luego ya en el cole la señorita Nati...

—Ah, si está al tanto tu profesora me quedo tranquilo.

Pero antes de irse, el padre se volvió muy orgulloso:

—Oye, Rosanda, veo que te interesa la salud. ¿Querrás ser doctora como yo?

—Pues... a lo mejor —contestó Rosanda plantándole un beso y empujándolo al ascensor, porque Tomi y Albricias esperaban allí abajo en el cuarto de las bicis y los carros de bebé.

Su padre se había ido. Sin embargo todavía tenía que librarse de su madre.

—Mami, ¿no te ibas a la panadería?

—Sí, ahora mismo. ¿Seguro que te quedas bien sola?

—Seguro. Ya no soy un bebé. Ya tengo ocho años. Estoy en segundo. Me puedo quedar sola mientras tú bajas a los recados.

—¿Seguro?

—Seguríííííísimo...

—No abras a nadie —le advirtió su madre, indecisa.

—Que no, mamá —Rosanda estaba

más impaciente que los pacientes de su padre.

—Vuelvo en menos que canta un gallo —prometió su madre.

«En menos que canta un avestruz», pensó Rosanda al cerrar la puerta.

8
Ascensores al cielo

Su madre, como muchas madres, era insistente, que es la manera fina de llamar a alguien pesado, pero en cuanto dijo el último «adiós, vuelvo enseguida» y Rosanda escuchó el ras-ras de la puerta, se lanzó escaleras abajo. Tanto corrió que casi llega antes que el ascensor y su madre la pilla.

Tomi y Albricias seguían en el escondite, pero ahora parecía que Tomi ya no sentía timidez frente al ángel, porque se los oía reír.

—¡Que os va a oír todo el edificio, hombre! —les riñó Rosanda.

Albricias nunca había subido en ascensor. Claro, él-ella podía volar, no necesitaba ascensores para subir alto. Le pareció un buen invento.

—¿Y hasta dónde decís que llega?

—Hasta la azotea.

—Ah, qué interesante. ¿Y no los hay que lleguen más alto?

—Sí, en los rascacielos —explicó Tomi, que entendía de todo.

—Bueno, lo digo porque si no puedo volver a volar, a lo mejor con uno de estos ascensores puedo regresar a mi nube sin necesidad de alas.

—No lo sé, Albricias, yo no contaría con ello —dijo Tomi, que jamás había visto, ni siquiera en las películas, un ascensor que te llevase a las nubes.

—Lo que podrías usar es un avión —dijo Rosanda.

—Los aviones, no me hables de ellos —contestó Albricias—. No sabéis los problemas que nos causan. Odio los aviones.

—Entonces en helicóptero —sugirió Rosanda.

—Peor —dijo Albricias—. Con el ruido que hacen y las vibraciones de las aspas, te tiembla hasta el pelo. A los ángeles también nos desagradan. Me gusta mucho más el ascensor.

«Eso es porque nunca te has quedado encerrado en uno», pensó Rosanda, aunque no dijo nada porque bastante tenía el pobre o la pobre Albricias con llevar tanto tiempo lejos de su nube con un ala rota, como para darle ahora la mala noticia de que los ascensores son imperfectos.

—Ya estamos en mi casa —anunció Rosanda.

—¿Dónde vas a meterle? —preguntó inteligentemente Tomi.

Estaban en medio del salón, que no era el mejor sitio para esconder a un ángel. La cocina tampoco lo era, pues media vida de una familia transcurre en la cocina.

Salieron a la terracita donde estaba la lavadora y se tendía la ropa.

—Esto no está mal —dijo Tomi, y abrió un armario para las escobas y los productos de limpieza.

—Pero hace un frío que te pelas —dijo Rosanda—, y no es cosa de que Albricias, además de un ala rota, acabe con neumonía.

—Es cierto —observó Tomi—. ¿Y entonces qué hacemos? ¿Dónde lo escondemos?

Albricias no dijo nada, porque otra vez le habían vuelto los escalofríos y tenía la frente caliente.

—Enseguida te curo la herida, te doy un jarabe y verás qué bien te vas a encontrar —intentó tranquilizarle Rosanda.

—El jarabe sabe rico —dijo Tomi, también con ganas de animar al ángel.

Pero antes de que Albricias pudiera contestar, ¡zas!, cayó al suelo desmayado.

—¿Tú crees que se va a morir? —dijo Rosanda a Tomi.

—No se va a morir. Busca el Dalsy y

trae mercromina y eso que usan las madres para limpiar las heridas —sugirió Tomi, que sabía que el Dalsy es un medicamento bueno para todo.

—Buena idea —dijo Rosanda, pero no pudo terminar la frase porque en la cerradura ya se oía la llave de su madre.

—¡Atiza! —dijo Tomi.

Rosanda agarró a Albricias por un brazo, Tomi por el otro y lo llevaron en volandas al cuarto de Rosanda. Allí lo escondieron bajo su cama.

—Qué suerte tienes —dijo Tomi muy bajito.

—¿Ah, sí? —dijo Rosanda, a quien todavía no se le había pasado el susto por el desmayo del ángel.

—Sí, porque debajo de tu cama sólo hay pelusas. La mía es cama nido y debajo de mi cama hay otra, la de mi hermano. Nunca hubiéramos podido esconder a Albricias.

—¿Rosanda...? ¿Con quién hablas, hija? —la madre de Rosanda entró en el cuarto—. Hola, Tomi, bonito, qué sorpresa.

—Hola —dijo Tomi, que no sabía cómo explicar qué hacía allí en lugar de estar en el colegio—. He venido...

—Ya veo que has venido —dijo la madre—. ¿Tú solo?

—Sí. Como Rosanda hoy no estaba en el colegio, pues yo..., yo...

—Se ha preocupado —se le ocurrió decir a Rosanda— y me ha traído la tarea.

—Qué atento, Tomi, qué detalle más bonito —dijo la madre de Rosanda—. Me encanta ver lo amigos que sois. Rosanda está bien, ya la ves. Sólo está un poco cansada y se va a quedar en casa. Tú deberías volver al colegio, que todavía queda mucha jornada lectiva por delante y a ver si ahora los que se van a preocupar van a ser tus padres.

—Mi madre está de viaje —explicó Tomi.

—Bueno, pues tu padre.

—Su madre casi siempre está de viaje —empezó a explicar Rosanda, pero Tomi la interrumpió.

—Sí, es verdad, mi padre dice que no se debe faltar al cole, así que, hala, mejor me marcho. Hasta luego, Rosanda. Ya me contarás qué tal la «tarea».

—Sí, sí —dijo Rosanda también disimulando, porque sabía a qué tarea se refería su amigo—. Hasta luego, Tomi.

—Y gracias —dijo la madre.

—Eso, muchas gracias —dijo Rosanda.

Tenía mucho que agradecerle a Tomi. Realmente sin él no hubiera logrado sacar a Albricias del supermercado.

9
El don de la lectura

La cura y las medicinas sentaron tan bien al ángel que al cabo de un rato estaba sentado o sentada en la cama de Rosanda mirando cuentos con muchísimo interés. Yo creo que los ángeles normalmente no tienen oportunidad de leer cuentos, porque este ángel llevaba ya leídos diez del tirón.

—¿Tú sabes leer? —preguntó Rosanda.

—Sí. Acabo de aprender —contestó Albricias sin levantar la cabeza de entre las páginas.

—¿Estás en primero?

—No —contestó seco el ángel, porque no quería que le interrumpieran la lectura.

—¿Entonces, estás en segundo? —siguió preguntando Rosanda.

Si se había traído un ángel a su casa era para hablar con él-ella, no para estar callados y aburrirse.

—Yo no voy al colegio —dijo el ángel, y pasó la página concentradísima/o.

—¿Y cómo has aprendido a leer?

A Rosanda la curiosidad le podía. Al fin y al cabo, ¿cuántas veces en tu vida tienes delante a un ángel?

—Se lo he pedido a Dios hace un momento.

Albricias cerró el libro. Se lo había terminado.

—¿Tienes otro?

A este paso se iba a leer todos los libros del mundo en un solo día.

—¿A Dios?

—Sí, mientras estabas por ahí he visto los libros y me han entrado ganas de leer. Entonces le he rogado a Dios que me diera el don de la lectura y ya está.

—¿Tú hablas con Dios?

Albricias no escuchaba; había abierto un nuevo libro.

—¿Y te concede lo que te da la gana?

—Casi siempre.

—¿Y sólo tienes que pedírselo?

Los ojos de Rosanda se abrían como platos; esto era el chollo del siglo.

Albricias sólo dijo:

—Ajá... —y siguió leyendo.

—Pues pídele que te cure el ala.

—Ya lo intenté.

—¿Y...?

—¿Me vas a dejar leer? —protestó Albricias.

Rosanda hizo lo que le hacía su madre a ella cuando no prestaba atención: le quitó el libro.

—¡¡Eh...!! —protestó Albricias.

—Cuéntame primero lo de Dios y luego leemos.

—No, no me concedió la curación del ala.

—¿Por qué? —quiso saber Rosanda, que no entendía que si el Dios de Albricias lo podía todo, no le curase el ala para que volviera a su nube.

—Yo qué sé... —Albricias se estaba poniendo de mal humor—. Devuélveme el libro.

—Pídeselo a Dios —le desafió Rosanda.

Albricias cerró los ojos, respiró hondo varias veces y al cabo de un instante, ¡hale, hop!, otro libro saltó a sus manos.

—¡Hala! —exclamó Rosanda atónita.

—Me gusta leer —se justificó Albricias—, y supongo que, si Dios no me ha concedido lo del ala, será porque quiere que aprenda alguna lección o que se la enseñe a alguien, que con él nunca sabes por qué hace las cosas.

—¿Y cómo es? —preguntó Rosanda.

—¿Dios? Bueno, es como cada uno quiera imaginarlo. Es de todo el mundo, ¿entiendes? Es lo que todas las personas tienen en común, todas las personas del mundo al tiempo. Y, como las personas, cambia.

Rosanda se quedó callada. No entendía muy bien lo que quería decir el ángel, pero éste ya no le prestaba atención. Había empezado a leer su libro nuevo y debía de ser divertido. Se reía.

—Albricias... —Rosanda quería seguir conversando.

—Ji, ji, ji... —se reía él, y pasaba página.

—Si tú fueras persona, ¿qué te gustaría ser de mayor?

Sin levantar los ojos del libro, Albricias contestó:

—Me da igual. Lo que me tocara.

—¿Cómo «lo que te tocara»? —dijo Rosanda—. No te toca. Uno elige la profesión que quiere tener.

—¿Ah, no es por sorteo? —preguntó sin mucho interés Albricias, y se volvió a reír.

Aquel libro que tenía en las manos parecía tronchante.

—Pues no —aclaró Rosanda.

—Ya —dijo Albricias, y siguió leyendo muy callado-callada.

—Yo a lo mejor soy médico, como mi padre —empezó a pensar Rosanda en voz alta—, pero claro, si viene Dios y cura a la gente sin hacer nada, no sé para qué sirve ser médico, ni ser pintor, ni taxista, ni ser nada.

Albricias notó preocupación en el tono de voz de Rosanda y bajó el libro. Esto era serio.

—Rosanda, no te preocupes, que nadie puede sustituir a los médicos. ¿Te ha quedado claro?

—¿Tú crees que será por eso por lo que Dios no te cura el ala? —quiso saber Rosanda.

—Pues claro —la tranquilizó el ángel—, sabe que es mejor tu mercromina.

Rosanda se rió y Albricias volvió a su libro:

—Ji, ji, ji…, ji, ji… Me encanta leer. Me requetechifla.

10
Te quiero hasta las acelgas

—Te quiero hasta las acelgas —dijo el padre de Rosanda al volver de trabajar, mientras le entregaba vendas para su «avestruz» herido.

El padre decía que eso era querer muchísimo, que era querer lo máximo que se puede querer a una persona, porque decía que las acelgas era un sistema de estrellas que estaba más allá de la Vía Láctea. Imagínate qué lejos.

Rosanda dudaba de que existiera un grupo de estrellas con un nombre tan feo y, de hecho, se lo pensaba preguntar a Juan Antonio Cortés, el amigo de su abuela, que era astrónomo, en cuanto le volviese a ver.

—¿Dónde está Juan Antonio Cortés? —preguntó Rosanda mientras cenaban.

—Pues en su casa, me imagino —contestó la madre de Rosanda mientras le servía tortilla de patata.

Rosanda se las estaba ingeniando para, de cada plato que servía su madre, ocultar un poquito en la servilleta para el ángel. No le importaba pasar un poco de hambre si con eso Albricias se ponía fuerte.

Cuando el padre de Rosanda decía eso de las acelgas, a Rosanda le gustaba muchísimo y se sentía muy contenta por dentro y por fuera. Pero hoy, cuando su padre se asomó a su cuarto para desearle buenas noches y repetirle esa tontería de las acelgas, Rosanda se pegó un susto de muerte, porque resulta que su padre casi se encuentra de bruces con Albricias, que en ese momento salía del armario para coger otro cuento. Menos mal que Rosanda, que, como dice la abuela, es más lista que el hambre, pegó un brinco hasta el armario para cerrarlo.

Albricias se llevó un portazo de aquí te espero y se cayó de culo sobre los cojines que Rosanda había puesto a modo de colchón.

—¿Te leo un cuento? —se ofreció el padre.

Vaya por Dios. Los padres son gente verdaderamente imposible. Todas las noches Rosanda tenía que rogar a su padre o su madre que le leyesen un cuento (aunque ella leía perfectamente, es más agradable que te lean) y justo hoy que necesitaba que la dejaran sola, se ofrecía su padre a leer.

—Veo que tienes muchos cuentos nuevos.

—Sí —dijo Rosanda—, la abuela, ya sabes. Le gusta regalarme...

—Ajá —dijo el padre—. Menuda biblioteca. O biblioteca menuda. Ja, ja, ja... —y se reía.

El caso es que allí estaba plantado, delante de los libros, sin pinta ninguna de irse a ver el telediario como todos los padres del mundo occidental.

Rosanda decidió forzar la máquina y empezó a bostezar abriendo la boca como un tiburón.

—Aaaahh... Qué sueño...

—Venga, elige uno. Te leo el que quieras. Y si es largo, mejor —insistía el padre.

¡Qué perra les había entrado con no dejarla a su aire! Rosanda volvió a intentarlo.

—Papi, estoy muy agotada. Anoche en el hipermercado casi no dormí. Ya sabes lo terrible que es para una niña pasar una noche sola y perdida —Rosanda exageró un poco.

—Rosanda, de eso quería hablarte —su padre le cogió la mano.

Qué horror. Ahora venía media hora de charla como la de su madre por la mañana:

—Yo no me olvidé de ti en el supermercado porque no te quiera. Ni mucho menos. Yo me olvidé...

Rosanda volvió a bostezar excesivamente.

—Aaaaaahhhh…

Y esto parece que convenció a su padre.

—Bueno, te dejo. Hasta mañana. Recuerda que te quiero hasta las acelgas y más allá.

—Lo sé, papi. Yo a ti también te quiero.

Su padre la besó, apagó la luz y salió.

Apenas los pasos de su padre se alejaron, se abrió el armario y saltó Albricias.

—Me estaba asando —dijo Albricias—. No sé cómo podéis vivir así. Tan pronto te asas como te congelas.

—¿En tu nube no hace calor? —preguntó Rosanda.

—Ni frío. Siempre se está perfectamente. ¿Tú te crees que con la de cosas tan relevantes en las que tenemos que pensar los ángeles podemos perder el tiempo con qué me pongo, que si un jersey, que si un bañador? Eso es para las personas.

—¿Qué significa *relevante*?

—Significa que tener media casa llena de abrigos y pantalones es una chorrada. Eso significa. A ver si me estoy humanizando... —dijo mientras se abanicaba—. Simpático tu padre, ¿no?

—Chhist... Habla más bajo, que nos van a oír —dijo Rosanda.

—Pero eso de las acelgas se lo ha inventado. No hay estrellas con ese nombre —aclaró el ángel.

—Ya me lo parecía a mí —dijo Rosanda.

—¿No leemos nada? —preguntó Albricias.

—¿Humm...? —Rosanda estaba ya medio frita.

Al final la excusa que le dio a su padre se había convertido en una gran verdad: estaba exhausta.

El ángel la arropó y se quedó a su lado, cuidándola.

11
Estrellas invitadas

Al día siguiente, cuando Rosanda entró en clase (rezagada, porque su padre pensaba que el tiempo era elástico como un chicle y siempre llegaban tarde), notó un gran alboroto.

—¡¡Yo, señorita, yo!! —se descoyuntaba Zacarías.

—¡No, mejor yo, seño, yo! —aullaba desesperada Marta Cigüeñas estirando el dedo índice que un poco más y le llegaba al techo.

—¡¡Yo, por favor, seño, *porfis,* yo!!

—clamaba Antón estirándose tanto sobre el pupitre que casi se caía de cabeza por el otro lado.

Todos los niños alargaban los brazos desesperados compitiendo por ser los elegidos. Pero ¿para qué? Rosanda desgraciadamente no había podido enterarse todavía y no sabía si le convenía o no levantar la mano.

—¿Qué pasa? —preguntó Rosanda a Tomi.

—Que los de primero van a hacer una obra de teatro.

Tomi estaba terminando los deberes. Siempre aprovechaba esa primera hora para hacerlos en lugar de traerlos hechos de casa.

—¿Y?

—Pues que la señorita Casilda ha

pedido a la señorita Nati que les ayudemos.

—¿Nosotros?

—Exactamente.

—¿A los mocosos de primero?

—Sí. Como nuestra obra de teatro de Navidad quedó tan bien, nos quieren de estrellas invitadas.

La función de la clase de Rosanda realmente había sido un éxito. La había escrito la propia señorita Nati y ella también había organizado y dirigido todo. Habían memorizado muchas frases larguísimas y habían ensayado muy duro durante más de tres meses. Luego los padres habían cosido el traje a cada hijo. Tomi había sido el rey, con un éxito importante. A Rosanda le tocó hacer de dragona junto con Marta Cigüeñas y Patricia Toledo. Entre las tres daban vida a un horripilante dragón verde de tres cabezas y seis patas que cantaba y bailaba muy bien.

De toda la clase los únicos que no gritaban por hacerse con un papel en la obra de teatro de los de primero eran Tomi y Rosanda, pero por razones bien distintas. Rosanda porque acababa de llegar, y Tomi porque estaba convencido de ser el mejor actor de todos, por lo que antes o después le rogarían de rodillas que participase.

—¿Y de qué va la obra? —preguntó Rosanda.

—Todavía no lo han contado.

Por si acaso, Rosanda levantó la mano. Y como era la única que no gritaba, la señorita Nati la señaló.

—A ver, Rosanda, ¿tú quieres trabajar en la obra de teatro?

—Sí, señorita Nati, me encantaría...

—Muy bien, pues te apunto...

—¡¡No!! ¡¡No es justo!! —berreó Zacarías, a quien le dolía ya muchísimo el brazo de tanto levantarlo—. ¡¡Ella acaba de llegar!!

—¡¡Y encima tarde!! —acusó Marta Cigüeñas, que era buena amiga, pero cuando se quería poner antipática y chinchona lo era más que nadie.

—Bueno, chicos, como veo que hay tantísimo interés por ayudar a la clase de doña Casilda, vamos a hacer una cosa. Voy a hablar con ella y le pediré que trabajéis todos.

—¡¿Todos?! —dijo Zacarías con una sonrisa de oreja a oreja.

—Todos sí —concluyó la señorita Nati—, pero quiero recordaros que seguramente habrá que estudiar bastante.

—¿¡Estudiar!?— exclamó Patricia Toledo alarmada.

Ésta era otra que tenía problemas con los deberes.

—Aprender de memoria las frases que tenga que decir cada uno —les recordó Tomi—, como el año pasado.

—Eso es. Los diálogos —le ayudó la señorita Nati—. Y no podemos dejar a doña Casilda en la estacada una vez que nos hayamos comprometido. ¿Estáis seguros de querer participar todos en la función de primero?

—¡¡¡Síííí...!!! —bramaron a coro.

—¿Con todas sus consecuencias y obligaciones?

—¡¡¡Síííí...!!! —repitieron todavía más fuerte.

—Pues estupendo. Por ahora no tenéis que preocuparos de más. Doña Casilda nos repartirá el texto y nos indicará el vestuario que tenemos que preparar. Sacad los cuadernos. Vamos a empezar. Dictado.

12
Se alza el telón

Doña Casilda no era como la señorita Nati. Era una maestra notablemente más seria.

Cuando después del recreo entró en el aula, todos se callaron. La conocían bien porque cuando la señorita Nati tuvo gripe, doña Casilda la sustituyó por cuatro días. Cuatro días que se les hicieron bastante largos.

—Alumnos y alumnas, las maestras hemos llegado a una decisión.

Qué expectación. Hablaba la señorita

Casilda y no se oía volar una mosca.

—Para no hacer una escabechina y no romper las dinámicas del grupo y como doña Natalia dice que sois todos y todas muy buenos estudiantes, colaboraréis todos y todas sin exclusión ni distinción en la obra de teatro de los de primer curso.

—¡¡¡Bieeeennn!!!

Qué jolgorio se armó. La gente se subía a las sillas. Se abrazaba. Tiraba los gorros de lana por los aires. Y todos y todas, sin exclusión ni distinción, chillaban.

—Basta, basta, alumnos y alumnas... Atended... Silencio... —doña Casilda golpeaba con la regla en la mesa, pero ahora nadie le hacía ni caso, tanta era la dicha.

—Chicos. Tranquilidad. Vamos a escuchar —dijo la señorita Natalia, y entonces sí, muchos se calmaron.

—Gracias, Nati —dijo doña Casilda—. Aquí hay fotocopias para todos. Esta tarde las leéis en casa y mañana nos vemos. ¿De acuerdo?

—¡¡¡De acuerdo!!! —gritaron veintitrés niños al unísono.

La señorita Casilda salió y la señorita Nati se puso a repartir hojas grandes de dibujo:

—Tengo una idea. Yo voy leyendo la función y vosotros dibujáis los personajes, los decorados, tal y como los veáis en vuestra cabeza. ¡Que fluya la imaginación por los lápices!

«Que fluya», pensó Rosanda, a quien le encantaba dibujar.

—Se alza el telón —empezó a leer la maestra con su voz clara—. Estamos en el antiguo Egipto…

¡El antiguo Egipto! Rosanda sabía muchísimo de Egipto. El año anterior había estado allí con su madre buscando a los Reyes Magos. Levantó la mano.

—¿Sí, Rosanda? —dijo la señorita Nati.

—Yo conozco Egipto.

—Claro que sí. Y podrás ayudar mucho entonces con la ambientación.

—¿Qué es la ambientación? —preguntó Zacarías, que no se callaba ni debajo del agua.

—Los decorados, hombre —explicó Tomi sin levantar los ojos de su dibujo, porque a Tomi también le gustaba pintar.

—Sí, yo podré ayudar —dijo Rosanda orgullosa—, y con el vestuario también. Yo he visto cómo van vestidos en Egipto.

—Estupendo. Se lo propondremos a doña Casilda —y la señorita Nati siguió leyendo—: En una plaza pública se alzan el palacio de un faraón y algunas casas. Sale el faraón de su morada y anuncia: «Ordeno, que todos los hijos de esclavos hebreos sean arrojados al Nilo…»

—El Nilo es un río —explicó Rosanda a sus compañeros.

—Pero qué obra más horrible —dijo Patricia—. Empieza fatal.

—Chicas, los comentarios luego. Ahora silencio. Que vuele la imaginación —pidió la señorita Nati.

Y retomó la lectura.

13
De las profundidades del Nilo

—...Bueno, te resumo. La cuestión es que en esa ciudad de Egipto donde el faraón manda matar a todos los niños varones de religión judía, una señora tiene un bebé judío. Como no quiere tirarlo al río, porque es una barbaridad, y ninguna madre que ha estado esperando nueve meses con mucha paciencia tiene ganas de perder a su bebé porque eso la pondría tristísima, pues dice que no. Que ella, su bebé se lo queda. Y se le ocurre una cosa muy buena. Toda la familia se pone de acuerdo. Dicen que sí, que lo han tirado al río, pero en realidad lo tienen escondido. Sin que nadie lo vea, ni lo oiga, ni le dé nunca la luz del sol, ni de la luna, ni de las estrellas, ¿entiendes?

—Sí. ¿Y qué más?

—Pues que así están tres meses, pero claro, a los tres meses, ese niño tiene que salir a la calle, tiene que darle el aire, y no van a poder esconderlo más, así que a la madre se le ocurre una solución. ¿Te la digo?

—¡Claro!

—No sé. Como te veo tan distraído, pienso que no te interesa.

—Pues me interesa, pero es que los ángeles podemos hacer dos cosas a la vez.

—Y las personas.

—¿Me lo vas a contar o no?

—Te lo cuento, pero luego vuelves a ordenar todo como estaba, que mi madre me echa la bronca y estoy harta de recoger los juguetes que dejas desperdigados por el cuarto.

—¿Cómo dices que se llaman?

—Playmobil.

—Me gustan. Sigue.

—Bueno, pues va la madre hebrea, que es otra manera de decir judía... Cuando yo diga judía, tú como si hubiera dicho hebrea y al revés. ¿Me sigues?

—¡¡¡Que sí!!!

—No hace falta enfadarse, era sólo una pregunta. Va la madre y coge al niño y lo mete en un cesto hecho de barro y paja y brea, que es una cosa impermeable que flota y no se hunde.

Rosanda toma aire y hace una pausa dramática, porque ve que Albricias ha dejado los muñecos y ya sólo la escucha atentamente:

—Y pone el cesto en el río para que se lo lleve la corriente.

—¿Por qué?

—Porque prefiere eso a que se lo quiten los soldados egipcios, que son malísimos, y lo maten. Lo deja flotando en el río y se despide de él, triste por un lado, pero contenta por otro porque confía en que, con lo rico que es el bebé, otra señora lo encontrará y lo criará.

—¿Y lo encuentra?

—Pues fíjate qué casualidad que la que sale a pasear esa mañana y encuentra el cestito es justamente una princesa, la hija del faraón, que se llama Batía. Y le gusta tanto el niño que ha llegado de las profundidades del Nilo, que se lo queda y lo llama Moisés, que significa 'salvado de las aguas'.

—¿Y no se da cuenta de que es judío?

—No, porque la religión se lleva por dentro y es invisible, como el alma. Ella lo quiere muchísimo, como si fuera su hijo, o sea, faraónico, o sea, egipcio.

—Ah.

Albricias vuelve a sus Playmobil. Parece que una vez que el niño se ha salvado, la historia le da igual.

—Albricias, que pasan más cosas.

—¿Qué cosas?

—Pues que Miriam, que es la hermana de Moisés y que es muy lista, se presenta allí y le pregunta a la princesa si no quiere que una mujer cuide al niño mientras es bebé. Y la princesa dice que vale, pero que se lo devuelva cuando tenga dos años. Y entonces Miriam vuelve a llevar a Moisés con su madre verdadera.

—Qué lío, pero qué lista Miriam.

—Sí, mucho. Pero llega el día en que Moisés cumple dos años y la princesa, que no se ha olvidado, le pide a Miriam que lo traiga al palacio.

—¿Y se lo trae?

—Qué remedio. Y Moisés vive con el faraón, que es como un rey, y con el resto de la gente en el palacio. Pero un día va y se le ocurre quitarle la corona al faraón en broma, y se la prueba. Y unos consejeros cascarrabias que están ahí le dicen al faraón que eso es muy malo y que ese niño seguro que de mayor quiere arrebatarle el trono.

—¿Arrebatarle? —pregunta Albricias.

—Sí, que le quita de faraón para ponerse él —aclara Rosanda—. Y la princesa que no, que Moisés es bueno, que estaba jugando. Y que si tal y cual. Y entonces…

—¿Con quién hablas?

Rosanda se pegó un susto de muerte. Estaba tan enfrascada en contar a Albricias la obra de teatro de primero que no se había dado cuenta de que su madre había entrado en su habitación.

—Con nadie.

—Pues llevas un rato raja que te raja. Pensé que estabas al teléfono con la abuela.

Rosanda echó un vistazo rápido y disimulado a su alrededor. Albricias, rápido como el rayo, había desaparecido. ¿Dónde estaba? ¿Le habría visto su madre?

—Hala, vamos a cenar, que ya ha llegado papá.

Rosanda se levantó y siguió a su madre hacia la cocina.

—No sé, Rosanda, últimamente estás muy rara. Te pasas el día encerrada en tu cuarto, no sales a jugar con tu hermano, ni a ver la tele, ni pides bajar al parque... Muy rara. Y ahora encima te da por hablar sola. No sé, Rosanda, no lo sé... ¿Seguro que estás bien, mi cebollita?

14
Un camino en el mar

—Te lo digo como lo siento, Octavio: desde que se quedó encerrada en el supermercado, no es la misma.

Habían cenado ya y Rosanda escuchaba desde la cama hablar a sus padres.

—¿Me sigues contando lo de Moisés? —preguntó Albricias.

—Chhist, calla, que no oigo.

—¿Y qué quieres que hagamos? —contestaba el padre de Rosanda—. ¿La llevo mañana al hospital a que la echen un vistazo?

—Quizá esté traumatizada. Quizá no le prestemos la atención suficiente —la madre de Rosanda era toda angustia—. Quizá esto la deje marcada de por vida. ¡Ay, Dios mío!

—Tranquila, Esmeralda. Tranquila. Mañana me la llevo al especialista. Verás como se le pasa —la tranquilizaba el padre.

«¡¡No, no!! ¡¡Mañana no!!, cualquier día menos mañana», pensaba Rosanda agitadísima.

—¿Me lo cuentas o no? —insistía Albricias a lo suyo.

—Albricias, ¿dijiste que tú no tienes padres, verdad? —preguntó Rosanda.

—No. ¿Me lo cuentas o no me lo cuentas?

—A veces es una gran suerte no tener

padres. Mira los míos. Me van a chafar todo.

—Pues a mí me parecen simpáticos tus padres. Sobre todo tu padre. Hace chistes graciosos.

—Sí, pero mañana es el día en el que doña Casilda va a repartir los personajes y, si no estoy, no voy a poder pedirme el de Miriam, que es el que me gusta.

—¿Sale mucho Miriam?

—Sale bastante.

—Cuéntamelo.

—Te lo cuento, pero con una condición: mañana me tienes que ayudar. Voy al cole sí o sí.

—Prometido —dijo Albricias, que se moría por conocer la historia de Moisés y Miriam.

Rosanda retomó su relato:

—Después de que Moisés hubiese cogido la corona del faraón, uno de los consejeros criticones que estaban allí dijo que, para determinar si de verdad Moisés era un espabilado que quería quitarle el trono o era bueno, había que hacerle una prueba.

—¿Qué prueba? —Albricias estaba interesadísimo.

—Una horrible. Le pusieron delante un diamante y un carbón ardiendo. Si era tan listo y malo, cogería el diamante, pero si era bueno, el carbón.

—¿Y qué cogió?

—Pues el carbón, y se lo llevó a la boca y se quemó.

—Qué burro. ¿Para qué se lo llevó a la boca?

—Yo qué sé, Albricias. Eso no nos lo han explicado. Es así y ya está.

—A mí eso me molesta bastante.

—¿El qué?

—Pues las cosas absurdas.

—¿Como qué?

—Como un montón de cosas que os creéis los humanos que hacemos en el cielo y en la *Biblia* y tal. Muchas veces, perdona que te diga, las entendéis justo al revés.

—No me digas.

—Sí te digo.

—Pues ya no te cuento más —Rosanda se había enfadado.

—No es para enfadarse.

—Sí que lo es.

—Venga, termina el cuento.

—No es un cuento, es una obra de teatro, perdona que te diga. Y ocurrió en la realidad hace cientos y miles de años.

—Vamooooosss... Anda, por favor.

Rosanda podía enfadarse con Albricias, pero no podía enfadarse mucho tiempo porque Albricias había aprendido que, desplegando sus alas delante de Rosanda y agitándolas, a Rosanda se le pasaban todos los males.

—¡Cuidado, que si te ven mis padres...! —le advirtió Rosanda.

Pero Albricias no hizo caso y sacudió sus plumas blancas y suaves como el algodón.

—Qué bonitas son —suspiró Rosanda con envidia, y retomó su historia—. Moisés se quemó la lengua y desde entonces tartamudeaba. Pero eso al pueblo judío le daba igual porque sabían que era muy bondadoso y sabio. Cuando se hizo mayor, defendía siempre a los esclavos judíos que vivían en muy malas condiciones. Por eso lo echaron de la corte del faraón y de Egipto, pero Dios le dijo que debía volver y liberar a su pueblo de la esclavitud.

—¿Eso le dijo Dios? —preguntó Albricias muy sorprendido.

—Eso mismo —contestó Rosanda.

—Dios tiene cada cosa.

—Eso pensó Moisés y le dijo que no, que él era tartamudo, que mejor otro, su hermana Miriam, por ejemplo, que es de la que quiero hacer yo, o su hermano Aarón. Pero Dios, erre que erre, y Moisés obedeció.

—Qué remedio. Eso nos pasa a todos con Dios. Como se le meta una cosa entre ceja y ceja...

—Y nada, Moisés volvió a Egipto y lo pasó mal porque ni los judíos se fiaban de él como salvador, sólo su hermana Miriam se fiaba. Tampoco lograba convencer al faraón de que liberase a los judíos. Es una parte de la obra un poco desastre en que todo le sale mal.

—¿Y luego? —Albricias quería que fuese al grano, pero a Rosanda empezaba a entrarle sueño.

—Luego Dios le ayuda y un árbol se prende fuego solo y anuncia siete plagas sobre los egipcios, que son siete desgracias espantosas, y ya ahí sí, convence al faraón de que es mejor que se piren. Pero... Aaaay, qué sueño.

—¿No te irás a dormir ahora?

—Estoy cansada —se quejó Rosanda.

—Pero acaba la historia antes —solicitaba Albricias descontenta/o.

—Pues eso, que cuando los hebreos

van huyendo en una caravana larguísima y lentísima...

—¿No tenían coches?

—No, hombre, no existían. Ni camellos, ni carros, ni nada. ¿No ves que eran pobres y desgraciados, además de antiguos? Iban andando muy despacio, poco a poco, por el desierto, con un solazo increíble. Bueno, pues en éstas, el faraón cambia de idea y manda al ejército a por ellos. Y ahora viene lo bueno.

—Lucharon y gana Moisés.

—No.

—¿¡Noooo!? —dijo decepcionado Albricias—. No me digas que la obra acaba mal.

—No, pero los judíos no lucharon. No tenían armas ni nada. Así que los soldados egipcios los alcanzan justo cuando están en la orilla del mar. No pueden huir ni para delante ni para atrás. O los atrapan o se ahogan. No hay salida, y en ese momento...

Rosanda se calló. Se había quedado dormida. Pero Albricias no se resignaba a quedarse sin el final, así que la sacudió:

—Rosanda, Rosanda..., ¿qué pasa entonces?

—Aaaayyy..., déjame dormir.

—No. Sigue o mañana no te ayudo y te pierdes el cole.

—Vale, pesado-pesada. Pues en ese momento Dios manda poderes supersónicos a Moisés. Y va Moisés y parte el mar en dos y abre un camino por en medio. Y los hebreos se escapan por ese camino entre las aguas. Y colorín, colorado... Hummm..., qué sueño...

Albricias estaba perplejo:

—Parte el mar en dos... Increíble... Qué buena idea... ¿Y los egipcios?

Rosanda ya se había dado media vuelta en la cama.

Albricias tuvo que insistir:

—Cuéntame: ¿qué pasó con los egipcios? ¡No me dejes así, Rosanda!

—Los egipcios se ahogan... Zzzzzzz... Ssshhhh... Zzzzzz... Ssshhh...

Rosanda ya roncaba.

15
Más quieto que una marmota quieta

—¿Te subes en el coche o me enfado?

—No me quiero subir.

—¿Ves como está rara? Ésta no es mi Rosanda.

—Anda, súbete, no preocupes a tu madre, Rosanda, hija.

El que así hablaba era el padre de Rosanda y la que se negaba a subir al coche era la propia Rosanda.

Mientras tanto Mauro, su hermano pequeño, miraba la escena sin entender nada.

El que también miraba, pero desde el balcón, era Albricias. Rosanda le había pedido que vigilara y que, en caso de emergencia, hiciera algo, lo que fuera, por favor, para impedir que se la llevaran al pediatra en lugar de ir adonde ella quería ir, al colegio.

—Pero si el médico no te va a hacer daño, mi tomatito, si sólo te va a escuchar —intentaba convencerla su madre—. Es un médico que habla con la gente, no un médico que pincha.

—Me da igual —insistía Rosanda—. Yo no quiero ir al médico a hablar. Quiero ir al colegio.

—¿Tendrá claustrofobia? —preguntaba la madre al padre, cada vez más preocupada.

—Esmeralda, mantengamos la calma.

La ansiedad es contagiosa —respondía el padre.

—Tampoco es bueno ser un témpano como tú, que te es igual ocho que ochenta. ¿Sabes cómo se le llama a eso? Indiferencia, y la indiferencia cría hijos traumatizados.

—¡¡Rosanda, métete en el coche a la voz de ya!! —gritó el padre de Rosanda.

Rosanda veía que no había manera de escaparse, que iba al coche de cabeza y del coche al doctor a perder toda la mañana, mientras los mejores personajes de la obra de teatro se los quedaban otros. Dejó escapar una mirada al balcón con la esperanza de que Albricias actuara. Albricias la miró a su vez e hizo un gesto con los hombros como de ¿qué quieres que haga?

Rosanda estaba ya metida en el coche.

Su padre le abrochaba el cinturón mientras su madre se quedaba en la acera con Mauro porque él sí, él, el gran suertudo, iba a la guardería.

A veces Rosanda sentía una envidia gigantesca de Mauro. Ser pequeño tenía enormes ventajas. Todo es fácil cuando eres bebé, todo el mundo te quiere, mientras que en Primaria nadie te hace ni caso. Sólo te mandan cosas y te regañan. Ni siquiera Albricias le hacía caso. No había sido capaz de mover un dedo por evitar el desastre y ahí estaba, tan pancha/o, en el balcón, disfrutando de su desgracia.

Su padre se subió en el coche y arrancó.

—Tú vas hoy a la consulta como que me llamo Octavio.

—Yo no estoy «climatizada» ni tengo

«tristofobia» —protestaba Rosanda, que no se rendía ni a tiros.

—Tengamos la fiesta en paz, Rosanda, que tengo la paciencia como un guisante —dijo su padre.

—Pues yo la tengo como un microbio —contestó Rosanda, aunque no estaba muy segura de si los microbios eran más grandes o más pequeños que los guisantes.

—¡¿Pero qué le pasa a este coche?!

Llevaban unos minutos subidos, pero el padre, por más que movía el volante, no lograba que el coche se moviera del sitio.

—Mecachis en la mar... Con la prisa que tenemos —el padre de Rosanda hablaba solo, que es señal de alto peligro, cuando los padres y las madres están peor.

El padre tocaba palancas y pedales, botones y manijas, pero el coche no se movía.

Rosanda sabía que en estas circunstancias es mejor callarse porque, si dices algo, te la ganas seguro.

El padre salió del coche:

—¡¡Esmeralda!! Esmeralda, espera, no te vayas, que al coche no sé qué le pasa, que no marcha.

La madre de Rosanda, que ya se iba a la parada de autobús, dio media vuelta.

—No me digas. A ver si es que estás sin gasolina. Mira que te gusta apurar el depósito…

—Que no, que lo llené anoche —el padre de Rosanda se defendía mientras abría el capó y examinaba el motor.

—Pero bueno, Octavio, ¿cómo no has

visto esto? —la madre de Rosanda estaba junto a la rueda trasera.

—Córcholis y recontracórcholis... Menuda faena... —el padre vio lo que había visto la madre y cerró el capó.

Rosanda estaba dentro del coche con las ventanillas cerradas, así que veía a sus padres dar vueltas alrededor, sin entender claramente lo que decían ni lo que señalaban.

De pronto su padre abrió la puerta:

—Anda, bájate, que te has salido con la tuya. Hoy, de hospital, nada.

—¿Y eso? —preguntó Rosanda, que

se moría de curiosidad y de contento, aunque no quería que sus padres lo notaran.

—Tiene delito la cosa. Las cuatro ruedas al tiempo —decía su madre.

—Las cuatro ruedas ¿qué? —quería saber Rosanda.

—Pues pinchadas, ¿no lo ves? Desinfladas —contestó su padre totalmente desmoralizado.

En efecto, el Diablillo Rojo, el coche de la familia que tantos kilómetros había hecho con ellos, estaba más quieto que una marmota quieta, con las cuatro ruedas por los suelos, completamente vacías y flácidas.

Rosanda no pudo evitar una gran sonrisa y miró al balcón para dar las gracias a Albricias, pero el ángel ya no estaba.

16
Teatro

La señorita Nati y la señorita Casilda tenían cada una un montón de papeles en la mano.

La clase gastaba bromas acerca de quién haría cuál papel. Rosanda estaba segura de que al final lograría el ansiado personaje de Miriam. Tomi, por su parte, quería ser Moisés. Nadie tenía claro si el mismo niño haría de Moisés en toda la función o si, como parecía más lógico, uno haría de Moisés pequeño y otro de Moisés grande. Tomi no era muy alto, ésa era la verdad, pero era buen actor y tenía confianza en ser el elegido para Moisés adulto, el protagonista absoluto y salvador del pueblo judío.

Marta Cigüeñas, por su parte, quería hacer de princesa egipcia. Ya casi se sabía todas las escenas en las que salía y su madre le había prometido hacerle el traje y, lo más difícil, el maquillaje, que sabéis que es muy historiado. Marta Cigüeñas, de hecho, casi no había pegado ojo esa noche porque había decidido que sí, que de mayor, casi con toda seguridad, a lo mejor iba a ser actriz. Como Penélope Cruz.

Antón y Zacarías discutían quién haría el personaje de Aarón, el hermano mayor de Moisés, y la cosa casi llega a las manos si no llega a ser porque doña Casilda sacó un silbato del bolsillo y pegó un silbido que por poco no los deja a todos sordos.

—Prrrrrrrrrr... ¡Un orden y un concierto! ¡No hay teatro sin orden ni orden sin teatro!

Los niños enmudecieron. La señorita Nati se frotaba el oído izquierdo porque la verdad es que el silbido la había pillado de improviso y se había pegado un susto de muerte.

La señorita Casilda comenzó a hablar:

—Según yo vaya pronunciando los nombres, los niños salen aquí al estrado. Ellos serán los elegidos.

La única que no tenía ganas de salir al estrado era Patricia Toledo, que, como era tan tímida, prefería estar entre el público y aplaudir, o como mucho ayudar entre bambalinas con los decorados, sin tener que pisar el escenario.

—Tomi Calatayud.

Tomi miró a sus compañeros más orgulloso que un pavo.

—Lo sabía —decía—, lo sabía.

—¡¡Silencio!! Sin silencio no hay teatro y no hay teatro sin silencio —le regañó la señorita Casilda.

Tomi se calló, más contento que unas castañuelas. ¿Qué le importaba una regañina si iba a ser Moisés?

—Marta Cigüeñas.

Otra, a la que sólo le faltó llorar de la alegría que le entró. Se levantó del pupitre y fue junto a Tomi muy formalita. Ya estaba ahí, en las puertas del éxito, a punto de ser casi protagonista: princesa egipcia. Actriz. Un sueño.

—Zacarías Monfragüe y Antón Aguirre.

Zacarías y Antón chocaron las manos al grito de «¡¡Tomaa!!» y salieron disparados a la fila de niños elegidos.

De pronto ocurrió algo inesperado. Doña Casilda cerró su cuaderno, recogió sus papeles y dio la cosa por terminada.

Doña Nati, con una enorme sonrisa en los labios, le preguntó:

—Muy bien, pero ¿y los demás?

—¿Los demás? —dijo doña Casilda con una cara de no entender nada, como si le hablaran en chino.

—Sí, los otros alumnos de la clase que con tanta ilusión esperan participar —dijo la señorita Nati sin perder su sonrisa, que era una sonrisa irresistible, por cierto.

Si habías perdido el cuaderno, por ejemplo, y no querías decírselo, como ella te mirara con sus ojos color caramelo y su sonrisa irresistible, cantabas la Traviata. Vamos, que en su presencia nadie podía mentir ni salirse con la suya.

Nadie, salvo la señorita Casilda, porque a la señorita Casilda los ojos de caramelo de doña Nati no le daban ni frío ni calor, y sin pensárselo dos veces, contestó:

—Los demás de extras.

—¿Cómo de «extras»? ¿Qué es eso de «extras»? —preguntó muy deprisa doña Nati, temiéndose lo peor.

—Pues eso. Comparsas. De apoyo. De fondo. Para hacer bulto. Figurines.

—¿Estos niños? ¿Mis niños? —doña Nati no estaba muy satisfecha y, aunque era muy educada y muy paciente, yo creo que se le notaba.

—Sí, claro, Natalia, eso es lo que te

expliqué. Es un proyecto de colaboración inter-clases. Trabajo de equipo, que les viene muy bien a todos. El equipo es teatro y el teatro es equipo.

La señorita Nati no dijo ni mu. Sólo miraba a la señorita Casilda. Y aquellos ojos de caramelo que podían ser tan dulces también podían abrasarte con el fuego de su furia y picar más que la pimienta si la señorita Nati quería.

—Tomi hará el faraón y un árbol en llamas. Antón y Zacarías, los viejos brujos consejeros del faraón, y Marta Cigüeñas, la princesa Batía.

Marta Cigüeñas no pudo evitar que se le escapara un gran grito de «¡¡¡Bieeeenn!!», grito que nadie coreó porque estaban todos tan atónitos que no podían articular palabra. Más bien querían asesinarla.

—Perdón —dijo Marta mirando a doña Casilda—. El silencio es teatro y el teatro es silencio.

—Eso mismo —le contestó doña Casilda con severidad, tras lo cual se volvió a doña Nati—. ¿Es que no te parece bien, Natalia?

—Me parece que puedes mejorarlo, Casilda —afirmó doña Nati y le lanzó otro de sus relámpagos de caramelo picante.

Doña Casilda calló un instante. Una sombra de duda parecía sacudir su conciencia al fin. Volvió a revolver sus papeles.

—Bueno, Natalia, si te pones en ese plan, haré una excepción...

La tensión se cortaba con un cuchillo. El dedo de doña Casilda recorría la lista de personajes arriba y abajo. Rosanda clavaba sus uñas en el pupitre de madera.

—Patricia Toledo y Rosanda...

¡¡Había esperanza, había esperanza!!, pensó Rosanda. Quizá ser Miriam todavía era posible. La señorita Casilda continuó:

—...Pueden sacar el pozo.

—¿Cómo? —ahora la que parecía que había escuchado chino era doña Natalia.

—Que esas dos niñas que he nombrado, en un momento dado, salen y sacan un pozo que hace falta para la escena quinta.

Doña Nati no quiso ni contestar, no fuera a desbordarse la tempestad que llevaba dentro. Doña Casilda aprovechó y enfiló hacia la puerta:

—Pues, hala, mañana a las nueve, ensayo. Todos y todas con sus papeles aprendidos. El teatro es memoria y la memoria es teatro.

Fue salir doña Casilda y cerrarse la puerta y aquella clase estalló en una algarabía sin orden ni concierto en la que la única que no se quejaba era Marta Cigüeñas.

—¡¡Es injusto!!... ¡¡Es injustísimo!!

—¿Y quién va a hacer de Moisés?

—¿Y por qué no nosotros? No hay derecho...

—Yo no quiero hacer la obra...

—¡¿Un pozo?! ¿Por qué? ¡¡Un pozo!!

Los que salían porque no tenían los personajes deseados, los que no salían porque estaban indignados de ser rebajados al nivel de «bulto», en aquel aula nadie estaba contento. Todos estaban desesperados. Absolutamente desconsolados.

17
Palabras mayores

—¿Están ya infladas las ruedas? Ojalá que sí.

Al día siguiente lo único en lo que podía pensar Rosanda era en que no quería volver al colegio y muchísimo menos al ensayo de la horrenda obra de teatro en la que todo lo que tenía que hacer era sacar un pozo y plantarlo en mitad del escenario con Patricia.

—Es que ni siquiera tenemos palabras —le había contado indignada a Albricias.

—¿Y eso qué más te da?— le preguntó el ángel.

—Somos como muebles, Albricias, peor que muebles. Estamos allí como espantapájaros mientras los de primero dicen todas las frases y se llevan la parte mejor.

—Bueno, es su función, ¿no?

—¿¡Pero se puede saber del lado de quién estás tú!?

—Del tuyo, del tuyo —contestó Albricias mientras se aguantaba la risa.

Nada le divertía más últimamente que ver a Rosanda chinchar y rabiar.

—A ti todo esto te parece muy divertido.

—No, Rosanda, sólo me parece que no es para tanto.

—¡Pero es que doña Casilda nos engañó! Primero nos dijo que leyésemos la obra y en realidad nunca pensó en darnos nada.

—A algunos sí que les ha dado —puntualizó Albricias.

—Sí, pero fíjate que sólo papeles de egipcios, que son los malos de la historia. Y además hablan muy poco. ¿O es que te crees que el faraón sale mucho? Sale mucho más Moisés.

—Claro.

—¿¡Cómo que claro?!

—Es el protagonista.

Rosanda no se molestó en contestar. Su cabeza estaba ahora en otro sitio, dando vueltas a una muy buena idea.

—Albricias, ¿cómo desinflaste las ruedas de mi padre?

—¿Tu padre tiene ruedas?

—Tonto, me refiero a las del Diablillo Rojo.

—Yo no hice nada.

—Venga ya, Albricias. Te vi en el balcón. Te pedí ayuda para no ir al cole y entonces desinflaste las ruedas del coche.

—Nooooo... Te equivocas —Albricias se defendía.

—Reconócelo. Puedes hacer trucos. ¿Cómo lo llamáis vosotros? Milagros —insistía Rosanda.

—Eh, Rosanda, no te pases. Milagros son palabras mayores —protestó Albricias.

—No sé qué significa *palabras mayores* —continuó Rosanda—, pero lo que sí sé es que eres un ángel y los ángeles pueden hacer que sucedan cosas mágicas...

—No es cierto. Los ángeles somos instrumentales.

—¿Instru... qué? —quiso saber Rosanda.

—Es lo que dice mi maestro, el arcángel mayor.

—Bueno, lo que quieras, pero yo tengo un problema y necesito que me ayudes. No quiero salir en la obra de teatro y lo mejor es que ocurra algo, como lo de las ruedas, que chafe la función.

—¿Y fastidiar a todos? —preguntó el ángel decepcionado.

—Exacto. A todos los de primero. No sabes cómo nos miran en el recreo. Con una sonrisita de chulos…

—Rosanda…, ¿cómo puedes decir eso? Jamás me lo hubiera esperado de ti.

—¿Por qué? —quiso saber Rosanda.

El ángel tardó unos instantes en contestar:

—Porque tú…, porque yo… No lo sé. Pensaba que no eras así.

—Pues lo soy. Me fastidia. Me revienta que la señorita Casilda sea tan injusta. Me revienta que ellos se diviertan tanto mientras nosotros estamos de comparsas. Tú eres mi ángel y mi amigo/a y me tienes que ayudar a remediarlo.

El ángel meneaba la cabeza, nada convencido con todo lo que escuchaba. Decidió que lo mejor era cambiar de tema.

—Rosanda…

—Si no me dices que vas a hacer un milagro, mejor no me digas nada —contestó Rosanda distante.

—¿Te enseño mis alas? —Albricias sabía que eso siempre la ponía contenta.

—Me dan igual tus alas.

—Te las voy a enseñar porque tengo una sorpresa que te va a gustar.

Albricias se colocó en medio de la habitación. Rosanda le miraba de reojillo. No quería que se notara que se moría de ganas de ver las preciosas alas de su amigo-amiga desplegadas y sedosas.

Pero Albricias cambió de idea:

—No, mejor vamos al balcón. Anda, sal al pasillo a ver si están tus padres por ahí.

Rosanda obedeció, refunfuñando, pero obedeció.

Salió al pasillo y fue hasta el salón. En el salón sólo estaba frente a la tele, hipnotizado como siempre, su hermanito Mauro, que chupaba con fuerza su chupete mientras veía los dibujos.

—¿Y papá y mamá? —le preguntó Rosanda.

Pero nada, Mauro como quien oye llover, hecho una seta, ausente total.

Rosanda entonces se dirigió a la cocina. Su padre hablaba por teléfono mientras picaba verduras y ni se había dado cuenta de su presencia. Y su madre todavía no había llegado.

Rosanda volvió corriendo al cuarto.

—No hay moros en la costa —anunció a Albricias casi sin aliento.

Albricias y Rosanda abandonaron el cuarto con mucho sigilo y salieron al balcón. Habían pasado delante de las narices de Mauro, pero éste, como si nada, seguía pegado a las aventuras de los de la tele que le impresionaban más que un ángel de carne y hueso. O de lo que sean los ángeles, que eso no lo sabemos.

Ya en el balcón, Albricias desplegó sus alas. Eran más grandes y más fuertes de lo que nunca las había visto Rosanda, quizá porque aquí había más espacio.

—Halaaaa.... —dejó escapar Rosanda con admiración.

—Y eso no es todo —contestó Albricias con una gran sonrisa—. Mira.

El ángel pegó un salto, se impulsó hacia arriba, las alas se agitaron y empezó a volar.

—¡¡Me he curado!! Gracias a tus medicinas, Rosanda, y a tus vendas, me he curado...

Rosanda estaba perpleja. Nunca había visto a Albricias volar. Era muy hermoso verlo volar, pero...

Pero Albricias se alejaba. Cada vez más alto, cada vez más lejos. Rosanda no pudo evitar gritar:

—¡No te vayas! ¡Albricias, no te vayas! ¡Albricias, nooo! ¡Vuelve! ¡Vuelveeeeee!

18
Kilos de tristeza

—No te vayas, Albricias, vuelve..., vuelve... Yo te quiero hasta las acelgas...

Rosanda estaba acurrucada en su cama, sola, completamente sola, cuando entró su padre en la habitación.

—¿Qué te pasa, manzanita mía, que dice tu madre que no quieres cenar?

Rosanda no tenía fuerzas ni para contestar. A duras penas podía contener las lágrimas.

—Ven aquí, anda —su padre la abrazó.

Rosanda se aflojó y las lágrimas brotaron con facilidad. El problema era que, aunque su padre era una persona mayor de las que hay pocas, una persona mayor que te comprendía y que no te regañaba por tonterías, no podía contarle la razón de su disgusto.

—Debes de estar muy triste para llorar así —le iba diciendo su padre mientras la dejaba llorar—. Debe de ser un asunto muy grave el que te preocupa. ¿Me lo quieres contar? Me gustaría ayudarte.

Rosanda negaba con la cabeza. No podía contárselo. Quería, pero por supuesto no podía. ¿Cómo le iba a explicar a su padre que se había encontrado un ángel con un ala rota en el supermercado, que se lo había traído a casa y que lo había tenido escondido en el armario hasta esa misma tarde?

—¿Es del colegio? —el padre de Rosanda intentaba hacerla hablar.

Es una cosa que sabía hacer muy bien, ayudarte a encontrar las palabras cuando tú no sabes ponerlas en orden.

Rosanda decidió decirle que sí. Al fin y al cabo también estaba disgustada por

el colegio, aunque ahora, después de que Albricias se hubiera marchado, la obra de teatro sobre la vida de Moisés le parecía una tontería.

—¿Algo no va bien con tus compañeros?

—Son los de primero —empezó a hablar Rosanda, aunque no se sentía cómoda del todo sustituyendo una verdad por otra verdad distinta—. Van a hacer una obra de teatro y yo sólo saco un pozo…

—Ya —dijo su padre.

—Yo quería ser Miriam, la hermana de Moisés, pero la señorita Casilda ha dicho que no, que los de segundo tenemos que hacer bulto…

—Bueno, a veces en la vida es tan importante el bulto como el protagonista.

—No, papá, en esta obra no —insistía Rosanda.

—Yo creo que sí. Que para que las cosas funcionen tienen que estar presentes todas las piezas del puzle. Y, aunque a ti hoy no te lo parezca, todos somos importantes. Lo que ocurre es que nos tomamos turnos…

—¿Y si alguien a quien quieres mucho se va?

Ya estaba. Rosanda no había podido aguantarse y lo había soltado. La fuga de Albricias no se le iba de la cabeza.

—Sin despedirse, papá, ni nada. Así, por las buenas.

—¿Quién se ha ido? —preguntó su padre.

Rosanda improvisó:

—Una niña del cole… Bueno, un niño… Bueno, alguien… especial…

—¿El avestruz? —preguntó su padre.

—¿Eh?

¿Por qué sacaba ahora su padre a relucir un avestruz? Qué cosa más rara. Rosanda no entendía nada.

—¿El que aterrizó el otro día en el patio? ¿Se lo han llevado?

¡Acabáramos! ¡Claro, ese avestruz! Es lo malo de las mentiras, que hay que apuntarlas en un cuaderno porque al que las dice se le olvidan, pero al que las oye no.

—Sí, papá, el avestruz. Con lo que yo lo he cuidado... Y se ha ido —dijo Rosanda.

—¿Y le habías cogido cariño?

—Muchísimo —contestó Rosanda—, y no me ha dicho ni adiós.

—Claro, pero seguramente no es por culpa suya. Se lo habrán llevado al zoo o a una clínica veterinaria —sugirió su padre—. Seguro que esté donde esté, ahora piensa en ti.

—No, papá —explicó Rosanda como pudo—. Podía haberse quedado, incluso podía haberme dicho adiós, pero no ha querido. Por eso no lo entiendo. ¿Por qué? ¿Por qué?

El padre de Rosanda la miraba. Ahora Rosanda, aunque apenada, estaba más serena y ya no lloraba.

—Nos tienes a mamá y a mí, Rosanda, tú lo sabes, para todo.

Rosanda escuchaba y asentía.

Su padre prosiguió:

—Tu madre y yo, aunque te haya podido parecer estos días que no hemos estado, que te dejamos sola en el supermercado toda la noche, estamos. Estamos siempre. Lo del supermercado fue un accidente y los accidentes a veces ocurren en la vida. ¿Lo entiendes? Lo importante es cómo se sale de ellos. Y nosotros somos una familia y salimos bien.

Rosanda asentía. Su padre sabía decir cosas bonitas. Pero no podía traer de vuelta al ángel.

—Hay que ser fuertes, Rosanda, hay que confiar. Después de lo malo, viene lo bueno. Quien te quiere no te abandona. Y papá y mamá te quieren. Mucho, Rosanda, mucho.

Rosanda se sentía mejor. Si bien su padre creía que Albricias era un avestruz grande, gordo y feo, y no podía ni imaginarse la pena que se sentía al perder un ángel tan lindo y simpático, de algún modo sus palabras habían quitado algunos kilos de melancolía del pecho de Rosanda.

—¿Vamos a cenar? —propuso su padre.

—Vale —contestó Rosanda.

Su padre la cogió aúpa, que era una cosa que cada vez hacía menos, porque Rosanda ya pesaba bastante. Enfilaron el pasillo.

—Y ahora cuéntame eso de la obra de teatro, anda.

19
Huelga salvaje

—Esto sólo lo puede resolver tu amiga el ángel. ¿Cómo se dice: ángel o ángela?

El que así hablaba era Tomi disfrazado de faraón en mitad del ensayo.

El estreno de la obra se acercaba. Los ensayos eran cada vez más largos, más seguidos y más pesados.

—¿Por qué Albricias? —preguntó a su vez Rosanda.

—Porque si él quiere, todo cambia —insistía Tomi—. Mira qué caras.

Era cierto. Todos los de la clase de Rosanda tenían unas caras tan largas que, en lugar de en una obra de teatro, parecía que estaban en un día de Reyes y que sólo les habían echado carbón.

Ni Tomi, ni Zacarías, ni Antón, con sus disfraces de consejeros del faraón, estaban contentos. Y eso que ellos hablaban. Sólo Marta Cigüeñas estaba feliz, sobre todo ahora que llevaba el vestido de princesa egipcia.

—Somos ciudadanos de segunda —se quejaba Tomi—. No hay derecho.

—Por lo menos tú haces de faraón y de árbol en llamas.

—De árbol en llamas, ya ves tú qué cosa. Me da un corte cada vez que tengo que agitar los brazos como una antorcha humana…

—Lo que quieras, pero vosotros habláis y tenéis nombre. Patricia y yo sacamos el pozo y no podemos ni mirar al público.

—¿En serio? —Tomi no sabía eso.

—Nos ha regañado antes la señorita Casilda. Dice que nos reímos y que cuando se saca un pozo hay que estar serio y no mirar a nadie, porque hay que ser transparente.

—¡El teatro es silencio y el silencio es teatro! —la voz de doña Casilda retumbó en el salón de actos del colegio—. A ver... Esos de segundo, ¿qué hacéis cuchicheando?

Señalaba a Rosanda y Tomi.

—Todos y todas tenéis que colaborar, obedecer y guardar silencio mientras los actores trabajan —siguió mirándoles con ojos de fuego.

Rosanda no podía aguantarse más. La rabia le hervía dentro como los espaguetis en una olla:

—No son actores. Son niños —Rosanda hablaba sin pensar y se daba cuenta de que se iba a meter en un lío, pero aun así, no le daba la gana callarse—. Y además, lo hacen fatal. Nosotros lo haríamos mejor.

—Insolente —dijo la señorita Casilda.

—Mandona —contestó Rosanda, muy contestona.

—Impertinente.

—Maniática.

—¡¡Fuera de mi escenario!! —exigió la maestra.

Rosanda y Patricia sostenían el pozo esperando que fuera su turno para sacarlo. Desafiante, Rosanda lo soltó de golpe. Le cayó a Patricia en el pie:

—¡¡Ay!!

—Calla y vente conmigo —le ordenó Rosanda.

—Pero si yo no he hecho nada… —se lamentó la pobre Patricia mientras se frotaba el dedo gordo del pie.

—Los alumnos de segundo curso, castigados sin recreo toda la semana —sentenció doña Casilda.

—¿¡Toda la semana!? —exclamaron Antón y Zacarías, que cada día esperaban el recreo para sacar el balón y continuar un eterno partido de fútbol contra los de tercero.

—¿Y yo? —Marta Cigüeñas estaba desolada—. ¿Yo también tengo que irme del escenario?

Doña Casilda la miró. Cerró los ojos y se pasó la mano por la frente. Aquella mujer estaba agotada. Lidiar con esa tropa de egipcios rebeldes estaba resultando casi tan difícil para ella como lo había sido para el pobre Moisés miles de años atrás. Quizá ahora estaba arrepentida de haber invitado a los de segundo a participar en la obra de los de primero. Pero claro, si no, ¿quién iba a hacer de ejército egipcio con lo bien que quedaban al fondo? ¿Y quién iba a sacar el pozo?

Doña Casilda lo pensó un instante y al fin decidió:

—Tú también, Marta. Lamentablemente y a pesar de lo bien que lo haces, el castigo es para todo el grupo.

Marta se echó a llorar.

Todos los de segundo fueron saliendo del salón de actos, enojados por quedarse sin recreo toda la semana, pero satisfechos por ser expulsados del ensayo.

Verdaderamente se habían pasado un poco. No sólo en aquel ensayo, sino en los de los días anteriores. Rosanda y sus compañeros no paraban de hablar cuando tenían que estar callados. Si su trabajo era marchar con espadas en ristre como soldados o fingir que morían ahogados en las aguas del Mar Rojo mientras los judíos huían tan campantes, ellos hacían muecas y se gastaban bromas causando alboroto y desconcierto entre los pobres de primero, que se perdían en sus larguísimos parlamentos. Poco o ningún caso hacían a la señorita Casilda y, si ésta había perdido la paciencia, no toda la culpa era de ella.

Cuando entraron en su aula, la señorita Nati los recibió con sorpresa. Estaba corrigiendo deberes.

—¿Tan pronto acabó hoy el ensayo?

Rosanda miró a Tomi. Le estaban entrando remordimientos por haber sido la cabecilla de la sublevación. ¿Cómo iban a explicar a su maestra lo sucedido?

—Nos han expulsado —dijo Patricia, que aún cojeaba.

—Y además doña Casilda nos ha dejado sin recreo toda la semana —añadió Zacarías.

—¡Todo, por culpa de Rosanda! —acusó Marta Cigüeñas.

—Pero eso no puede ser... —dijo la señorita Nati.

—Ya sabía yo que la señorita Nati nos daría la razón y nos levantaría el castigo —empezó a decir Rosanda—. Claro que no puede ser, pero es. Nos tratan como a bultos.

—Nos tratan como a ciudadanos de segunda —apostilló Tomi.

—Como a parias —añadió Antón.

—Como a apestados —se sumó Andrea.

—Nos dicen que tenemos que ser transparentes, que ni miremos ni que nos miren. Somos menos que nada —remató Rosanda.

—Entonces estáis en condiciones ideales para comprender el sufrimiento del pueblo judío —contestó la señorita Nati.

—¿Eh...? —dijeron los chicos, que no entendían a cuento de qué venía aquello.

—Los judíos eran menos que nada —se explicó la señorita—. Eran despreciados y humillados, no tenían derecho ni a quejarse. Eso es lo que cuenta la obra de teatro de los de primero.

—Pero nosotros no somos judíos —dijo Patricia.

—Cualquiera puede ser judío si otro grupo decide discriminarlo —aclaró la señorita Nati—. Contadme qué ha pasado.

La debacle. Había ocurrido la debacle. La rebelión y luego la catástrofe. Se lo contaron.

—Pero usted, señorita, va a hacer algo, ¿a que sí? —rogaban Zacarías y Antón, que no se resignaban a quedarse sin fútbol.

—La señorita Casilda no es nuestra maestra. No nos puede quitar los recreos porque no manda sobre nosotros —argumentaba Rosanda.

Sonó el timbre que marcaba el inicio del recreo. Todos se quedaron callados, esperando a ver qué hacía la señorita Nati.

—*Porfa*, señorita, *porfa*... —rogaban Antón y Zacarías.

Y Marta y Patricia. Y Andrea y Esteban. Y Pedro y Alba. Y Chema y Luca. Y hasta Rosanda y Tomi...

—*Porfa*...

Fuera, en el patio, los primeros niños corrían y gritaban.

—¡El recreo...! ¡Pásamela...!

La señorita Nati fue a la puerta del aula, pero no la abrió. En lugar de abrirla, anunció muy seria:

—Bien, os daré mi veredicto.

—¿Veredicto no es un Papa? —preguntó Patricia a Rosanda por lo bajini.

Rosanda se encogió de hombros:

—Me suena que sí.

La señorita Nati las llamó la atención:

—Rosanda, Patricia, por favor... Me temo que esta vez, doña Casilda sí manda y yo voy a tener que darle la razón —confirmó la señorita Nati—. Una semana sin recreo.

20
Recen a su Ángel de la Guarda

Durante el recreo, que no fue recreo, la señorita Nati les había hablado muy seriamente de las obligaciones y los compromisos que habían asumido en su vida de escolares y que asumirían cuando fuesen grandes.

Les había hablado de que, en un *«castell»*, que es una torre humana, no son menos importantes los de abajo, que son muchos y soportan el peso, que el que trepa el último y al que todos ven y aplauden en la cima. Los había convencido de que tan hermoso es cantar en un coro con setenta voces más (ella cantaba los miércoles en un orfeón, por lo visto) como debutar en el Liceo de Barcelona de solista con piano de cola. Que la emoción es la misma o más, porque creas algo con otros, y que participar de lo colectivo y que cientos de corazones retumben con un mismo latido es de las cosas más hermosas de la vida.

Todo eso les dijo.

Pero ellos no se creyeron nada.

Sólo se creyeron que habían dejado colgados a los de primero a pocos días del estreno y que los de primero los necesitaban. Y eso sí les hacía sentir un poquito mal.

Después de la charla, la maestra fue a hablar con doña Casilda. A solas.

Entonces reunieron a las dos clases en el salón de actos.

La señorita Nati hizo a Rosanda ser portavoz de la clase y pedir disculpas en nombre de todos a la señorita Casilda por el boicot de los días anteriores y por su mal comportamiento personal.

La señorita Casilda había aceptado las disculpas, pero no por eso les habían levantado el castigo. Y así pasaron la semana: escenificando la vida de Moisés, sacando y metiendo el pozo, y sin recreo.

—Y Moisés acercó la mano
allí donde estaban las brasas.
La piel se colmó de llagas.
Las piedras quedaron intactas…

Pozo dentro, pozo fuera, a Rosanda le

quedaba mucho tiempo para pensar. La obra era larga, rimada y no muy entretenida, al menos para quienes la habían escuchado ya docenas de veces. Y en esos ratos Rosanda se acordaba de Albricias, su ángel, y se preguntaba si los hechos no hubieran discurrido por caminos muy distintos si él-ella hubiera estado a su lado. Sobre todo se acordaba del ángel cuando cantaban con los hebreos de primero una canción muy triste que decía algo así como:

—Shalom aberín,
shalom aberín,
shalom, shalom, shalom aberín…

Quizá la señorita Nati tenía razón y cantar a coro te remueve el corazón.

Pero esos momentos melancólicos en

los que Rosanda echaba de menos a Albricias se disolvían como un terrón de azúcar en el café cuando se acercaba el final y el narrador recitaba eso de:

—Los infames egipcios,
según profecía sagrada,
perdieron la vida a cientos
por su actuación malvada…

¡¿Infames egipcios?! ¡¿¿Actuación malvada??! ¡¿Ellos?! ¡¡¡Encima!!! A Rosanda le volvía a hervir por dentro una rabia como una olla de espaguetis.

Normalmente, después del ensayo, doña Casilda los reunía y les decía las cosas que habían hecho bien y las que convenía mejorar. Sin embargo, aquel último día antes del estreno les habló de otros asuntos:

—Chicos y chicas, alumnos y alumnas, han sido duras semanas de ensayos. Hemos superado obstáculos materiales y obstáculos espirituales. Pero el esfuerzo y el trabajo en equipo, sin excluir a nadie, sin excluir a ninguno ni ninguna, ese arrojo de todos y todas será lo que conduzca al triunfo a esta obra eterna.

Todos escuchaban en silencio. Después de quedarse una semana sin recreo, cualquiera la contradecía. Doña Casilda continuó:

—Creo que estamos preparados y preparadas para afrontar el estreno con total confianza... Marchad a casa y descansad. ¡Mañana os espera un gran día!

Recogieron sus cosas, pero doña Casilda aún retuvo a algunos:

—Los alumnos y alumnas de mi clase, por favor, que permanezcan aquí.

Rosanda y sus compañeros salieron, pero a Rosanda se le había olvidado el jersey y tuvo que volver, con lo que le dio tiempo a escuchar a la señorita Casilda advertir a los suyos:

—Vosotros muy bien. Ellos, como siempre, un desastre. Sin garra, si interés, sin chispa... Menos mal que se les ve poco. En fin. ¡Rezad mucho a vuestros Ángeles de la Guarda para que estos descontrolados de segundo no nos estropeen nuestra bella obra teatral!

Conque eso es lo que pensaba doña Casilda. A Rosanda le dio rabia. Y le dio pena.

Ella ya no tenía Ángel de la Guarda.

21
Esta noche, gran velada

—Si no hace falta que vengáis, de verdad, papá.

—¿¡Pero cómo no vamos a ir!? Qué cosas tienes, Rosanda —intervino su madre—. ¿Ves como está rara, Octavio?

—Son los nervios del estreno —aseguró su padre.

—¡Que no! ¡Que es que sólo aparezco a la mitad para sacar un pozo y al final para morir ahogada! —insistía Rosanda—. ¡Si no tengo ni palabras ni nada! Mejor no vengáis…

—Bueno, a nosotros no nos importa.

Con saber que es tu obra y que has trabajado muy duro, nos basta —concluyó su madre—. ¿Tienes preparado el vestuario?

—Sí, mami.

—¿Hay algo en lo que te podamos ayudar? —volvió a preguntar el padre de Rosanda.

Rosanda se encogió de hombros. No podían ayudarla en nada. ¿Acaso ellos podían encontrar un ángel como lo había encontrado y perdido ella? Un ángel. ¿Quién en su vida ha visto alguna vez un ángel salvo en los cuadros? Muy poca gente. Nadie.

Sólo Rosanda.

Terminaron de cenar. Se fue a la cama y apagó la luz. Desde que Albricias se había ido ya no era divertido leer cuentos. El ángel los disfrutaba tanto…

Se durmió enseguida. Y cuando a la mañana siguiente se despertó, era todavía muy temprano. Fue al baño sin hacer ruido para no despertar a sus padres ni a Mauro, y al volver a su cuarto, allí estaba.

—Chhist... No digas nada.

Rosanda tuvo que llevarse la mano a la boca para que no la desbordara la emoción. ¡Había vuelto! Se lanzó a él en un fuerte abrazo.

—¡Eh, cuidado, que me estrujas el ala! —protestó en broma ella-él.

—Te he echado de menos —susurró Rosanda para no despertar a su familia.

—Y yo te he traído un regalo.

Del bolsillo de su túnica sacó lo que parecía un canuto de papel enrollado. Deshizo el lazo que lo retenía y el papiro se ex-

extendió más largo que la cama de Rosanda. Estaba escrito con letras y signos antiguos que parecían dibujados a pluma.

—¿Qué es? —preguntó la niña.

—La auténtica historia de Moisés —contestó Albricias muy orgulloso.

—¿En serio? —Rosanda estaba asombrada.

—Por supuesto —aseguró Albricias—. ¿Y sabes lo que dice?

Rosanda negó. ¿Cómo iba ella a saber nada? Ella no era un ángel.

—Pues que los egipcios hablaron. Vaya que si hablaron.

Rosanda no supo contestar, tal era su sorpresa y su alegría de recuperar al amigo/amiga.

—He investigado. El Arcángel Mayor siempre tiene mil cuestiones que atender,

por eso he tardado, pero al final me lo contó de pe a pa. Él estuvo allí.

—¿En Egipto? —preguntó Rosanda atónita.

—Y en el Mar Rojo. Tiene como miles de años el Arcángel Mayor. Y no sabes lo bien que canta flamenco. Dice que el flamenco es tan antiguo como él. ¿Te canto algo?

Albricias estaba de estupendo humor y lleno de energía. Se notaba que estaba completamente curado o curada. Y se notaba que también se alegraba de reencontrarse con Rosanda, su amiga.

—Así que no veo por qué tenéis que estar callados toda la obra... —dijo Albricias.

—Porque lo manda la señorita Casilda —contestó Rosanda.

—No tiene por qué enterarse... —y Albricias empezó a desgranar su plan—: Cuando llegue la escena final en la que morís ahogados, podéis meter algunas frases...

Rosanda le escuchaba, poco convencida.

—Frases reales que los egipcios dijeron... Piénsalo.

Rosanda dudaba. Una semana sin recreo sólo por cuchichear había sido un castigo bastante severo. A saber lo que les podría caer por esto. Albricias quería convencerla:

—Menuda sorpresa para los padres, ¿no? Seguro que les encanta.

—Me gusta la idea, pero... —Rosanda no se atrevió a terminar la frase.

—¿Pero qué? —Albricias estaba entusiasmada e impaciente.

—Que tendrías que venir conmigo —lanzó Rosanda.

—¿Al colegio?

—Por supuesto. Somos muchos niños, no hay tiempo. Me tendrás que ayudar…

Albricias se lo estaba pensando. No entraba en sus planes ir a un colegio atestado de gente y participar en una obra de teatro.

—Es arriesgado… —dijo el ángel.

—Nos enseñas las frases y luego si quieres te vas…

A Rosanda le había costado mucho decir esto último. Desde luego ella no quería que se fuera el ángel, pero ahora mismo la cuestión era ganar tiempo y retenerlo lo más posible a su lado. Más tarde ya vería qué nueva excusa se inventaba para que no la dejara nunca. Nunca, nunca jamás.

22
Un árbol en llamas

—Y Moisés acercó la mano
allí donde estaban las brasas.
La piel se colmó de llagas.
Las piedras quedaron intactas...

En el vestuario, los niños de primero recitaban sus versos en un último repaso mientras se vestían:

—Yo, Dios de los judíos,
siete plagas envío
para que Egipto deje
marchar a Moisés y a los míos.

Mientras, en un rincón, Rosanda hablaba con Tomi y le enseñaba el papiro y su plan.

—Pero yo no entiendo absolutamente nada de lo que pone aquí —se lamentaba Tomi.

—Claro, está en hebreo antiguo. Por eso Albricias está escondido ahí fuera para ayudarnos a repartir las frases —le explicaba Rosanda.

—Es arriesgado —dijo Tomi mientras se rascaba la cabeza, que es lo que siempre hacía cuando pensaba.

—Pero histórico —insistía Rosanda.

—¿Qué? —dijo Tomi.

—Que pasó de verdad. Que nadie puede criticarnos porque no nos lo hemos inventado. La que se ha inventado que los egipcios se ahogaron sin decir ni glub-glub es la señorita Casilda…

Tomi meneaba la cabeza. No lo veía claro. Rosanda empezaba a desesperarse. El reloj corría. Tenían que decidirse y correr la voz a los demás de su clase. Era ahora o nunca.

—Tomi, es la pura verdad. Esto es lo que pasó en los tiempos de Moisés. Tenemos la suerte de conocer a alguien que estuvo allí mismo y lo vio. La obra de teatro saldrá mucho mejor. Seguro que hasta a la señorita Casilda le gusta...

—Bueno, venga, vale... —concedió Tomi.

Ya tenían puestos sus disfraces, cuando fueron a buscar a Albricias. Realmente, con su túnica blanca, sus sandalias y sus alas escondidas bajo el manto, podía pasar por un niño más que se estuviera preparando para la obra.

Uno por uno fueron repartiendo frases a todos los de segundo. Casi habían terminado, cuando la señorita Casilda tocó su silbato dándoles un susto de muerte:

—¡El teatro es silencio y el silencio es teatro! Vengan todos aquí, alumnos y alumnas...

Albricias deseó suerte a Rosanda y Tomi y se escabulló en uno de los baños. Las dos clases estaban ya agrupadas frente a la maestra que les hablaba:

—...Hoy ustedes no son los chicos y chicas de ayer. Hoy son todos actores y actrices. La responsabilidad de quien pone un pie en el escenario es máxima. Por lo tanto, quiero que el respeto y el orden sean máximos también. ¿Me entendieron todos?

—Sí, *seño*... —contestaron unos y otros.

—¿Han repasado sus diálogos con el compañero o compañera?

—Sí, *seño*...

A esto los de segundo no contestaron, porque como, salvo cuatro, los demás no tenían frases, para qué iban a repasar nada.

—Recuerden. La memoria es teatro y el teatro...

—...Es memoria... —corearon todos los de primero, que a estas alturas estaban amaestrados como loros.

—Recuerden también que el teatro es trabajo en equipo y colaboración, y que el amor por el prójimo... ¡Un momento! —la señorita Casilda se interrumpió—. ¡Veo unos pies!

Rosanda se volvió hacia donde miraba la señorita Casilda. ¡Horror! En efecto, bajo la puerta de uno de los cubículos de los baños se veían los pies de Albricias calzados con sus sandalias.

Rosanda no tuvo tiempo de poder hacer nada, porque la señorita Casilda ya estaba junto al baño. Abrió la puerta de golpe. Albricias se pegó un susto que casi sale volando, pero se contuvo.

—¿Y este niño quién es? ¿O eres una niña? —preguntó la maestra.

Rosanda se adelantó al ángel:

—Es mi primo. Que está en casa estos días y mis padres no tenían con quien dejarle.

—Ya... —dijo doña Casilda—. Pues aquí no se puede quedar.

—Si no molesta, es buenísima —le disculpó Rosanda.

—¿En qué quedamos, no era un niño?

—Sí, buenísimo quería decir.

La señorita Casilda miraba a Albricias de arriba abajo, examinándole. Rosanda se temía lo peor. ¿Y si descubría las alas?

—A fuerza de ser sinceros, he de reconocer que va vestido de maravilla para la obra... —sentenció doña Casilda—. Esos tonos dorados...

Doña Casilda tocaba la seda de la túnica de Albricias, que estaba quieto como una piedra, por si acaso, porque ya sabéis que lo último que deben hacer los ángeles es dejarse atrapar por los humanos.

—Tengo una idea... —dijo la maestra.

«Oh, no», pensó Rosanda, que ya conocía las ideas de la mujer. Tomi le dio un codazo para que disimulara, porque ponía unas caras que iban a hacer sospechar a la señorita.

—Ya que tenemos la suerte de tener a este invitado, le daremos un personaje... —sentenció la maestra.

¿Un personaje? Rosanda y Tomi se miraron. Les daba la risa.

—Sí. Ya lo tengo. Harás de árbol en llamas —ordenó la profesora.

¡Vaya por Dios! Justo uno de los dos personajes de Tomi. Pero Tomi, que era generoso y además conocía a Albricias, no se disgustó. Mientras la maestra no descubriera al ángel, todo iba bien.

—Tomi, explícale a nuestro nuevo actor lo que debe hacer.

Y sin más, la señorita Casilda zanjó el tema. La obra estaba a punto de empezar.

23
Código A

—Y las aguas del mar
abiertas de par en par
a Moisés dejaron pasar…

Los judíos de primero entonaban su canción mientras atravesaban el mar dividido en dos:

—Shalom aberín,
shalom aberín,
shalom, shalom, shalom aberín…

El narrador proseguía:

—Los infames egipcios,
según profecía sagrada,
perdieron la vida a cientos
por su actuación malvada...

Y ahí es donde entraba en acción el código A, como habían decidido llamar a la idea de Albricias. Patricia a Marta, Marta a Antón, Antón a Zacarías, Zaca a Tomi, Tomi a Rosanda, Rosanda a Alba... Uno a uno se fueron pasando la señal:

—Código A... Código A....

Y mientras fingían perecer ahogados en las aguas del Mar Rojo, fueron diciendo:

—Oh, por Osiris, pierdo la vida, pero no el amor por el faraón y mi patria. Egipto, en el más allá te llevaré en el corazón... —declamó Rosanda, y pasó a mejor vida.

—Oh, Amenothep, hijo de Hapu, jamás mis ojos volverán a posarse sobre tu bella efigie. La muerte viene a mí... —dijo Patricia con un poco de corte por ser la segunda, pero también con convicción.

Tras lo cual, cayó al suelo difunta.

—Oh, fértiles valles del Nilo, río de mis amores. Contigo dejo a mis padres pues muero como soldado egipcio en plena juventud... —recitó Antón.

Y sucumbió.

—Oh, diosa Osiris y dios Ra, todopoderosos, si no podéis salvar estos cuerpos de egipcios valientes y no malvados como dicen otros, salvad al menos sus almas...

Quien así hablaba era Tomi, que se había tomado muy a pecho hacer de faraón y le fastidiaba muchísimo que al final de la obra a él y a su gente los llamaran cosas feas.

Y palmó.

Los judíos de primero, desde el otro lado del mar, sanos y salvos y capitaneados por Moisés, estaban muy desconcertados y no sabían si seguir cantando aquello de «shalom aberín» o callarse y escuchar a estos nuevos egipcios que hablaban como cotorras.

—Oh, diosa Anubis, duro es permanecer mudo durante toda una obra de teatro, pero más duro es morir ahogado porque Moisés no quiere dejar un ratito más abierto el mar para el resto de la gente…

Esto lo dijo Zacarías, que no se acordaba de la frase exacta, pero pensó que esto quedaría bien. Y estiró la pata.

—Oh, Serapis, oh, Nefertum…, las

costas de Alejandría, mi pueblo natal, no veré más. En vano recuerdo ahora que tuve un flotador a mano y lo dejé olvidado en la pirámide de Keops... Muero ahogada por despiste, que también es muy triste... —dijo Alba, y expiró.

—Oh, lamento... Lamento... —Pedro no se acordaba de lo que seguía y decidió improvisar—: Bueno... He de morir ahogado en este instante, pero vaya por delante para todos los escuchantes que más vale un ser nadante allí donde no hay socorrista ni nadie que lo aguante...

Y perdió la vida.

—Injusticias hay muchas, pero como ésta ninguna...

Así habló Esteban antes de fallecer como todos los demás. Él era un egipcio de pocas palabras.

Ahora sí. Ahora la obra de teatro había llegado a su fin. Pero todo el mundo estaba tan perplejo, tan sorprendido que nadie hizo nada.

El escenario estaba sembrado de difuntos: los cuerpos sin vida de los egipcios de segundo. Los de primero se habían quedado tan de piedra ante este inesperado desenlace, que ya ni cantaban ni se movían, ni terminaban de fugarse a la Tierra Prometida ni nada. Y la señorita Casilda... ¿Qué decir de la señorita Casilda? De mármol se había quedado. Tanto que tuvo que ser la señorita Nati quien bajara el telón a toda prisa para que el público de padres que abarrotaba el salón de actos comprendiera que la función había terminado y aplaudiera.

Y vaya si aplaudieron. El patio de butacas se venía abajo.

—¡¡Bravo!!... ¡¡Bravo!! —gritaban.

Los egipcios se pusieron de pie. Es lo bueno del teatro, que aunque la gente muera, cuando cae el telón vuelven a estar como una rosa. Se abrazaron. Saltaban de contento.

—¡Les ha gustado! ¡Les ha gustado!

Tan felices estaban con el éxito, que se lanzaron a abrazar a los de primero, que seguían allí plantados como pasmarotes.

Sin embargo, la señorita Casilda no reaccionaba. Ni para bien ni para mal.

—Mi obra..., mi texto... —es lo único que acertaba a balbucear.

La señorita Nati se acercó a ella y la abrazó:

—Enhorabuena, Casilda, ha gustado

muchísimo. Un gran éxito. Creo que toca salir y saludar...

El telón se volvió a alzar y toda la compañía saludó. Egipcios y hebreos parecía que habían hecho las paces porque todos abrazados saludaban al público en una larga cadena que cruzaba el escenario.

—¡Bravísimo!... —gritaban entusiasmados las madres y los padres—. ¡Bravísimos todos!

24
Pilas agotadas

Rosanda y Tomi se abrazaban ahora a Albricias.

—¡Gracias! Mil gracias por tu idea —le decían.

—No fue mi idea, fue del Arcángel Mayor. Y además, es la historia... —decía Albricias quitándose importancia.

—Bueno, no sé si lo del flotador que ha dicho Alba era muy histórico... —se rió Tomi.

—O lo del nadante de Pedro —se sonreía Rosanda.

—Si no fue exactamente así, seguro que se pareció bastante —les animaba Albricias—. Ha quedado muy bonito. Emocionante.

—¿¡Emocionante dices!? ¡A ti te quería yo ver! —exclamó una voz de trueno que era ya bien conocida de todos—. Ya sabía yo que Rosanda y su primo tenían que andar detrás de esas improvisaciones y estas payasadas...

Quien así hablaba no era otra que la señorita Casilda, que había salido de su estado de *shock* y volvía a su ser. Agarró a Rosanda y a Albricias por el cuello del disfraz, que en el caso de Albricias no era un disfraz, sino su verdadera ropa.

—A vuestros padres vais —dijo doña Casilda mientras tiraba de ellos, con tan mala suerte que tanto tiró de la capa de Albricias que ésta se desató y las alas de Albricias quedaron completamente al descubierto.

—Pero..., pero ¿qué es esto?

Albricias, sintiéndose acorralado, alzó el vuelo, pero el vestuario del colegio estaba en un sótano y no había ventanas, por lo que no podía escapar. Desde un rincón del techo intentaba evitar a doña Casilda, cuando empezaron a entrar los padres y madres a felicitar a sus hijos.

Afortunadamente entre ellos estaban los padres de Rosanda y ésta corrió hasta ellos:

—¡Papá, mamá, ayuda...!

Sus padres contemplaban a aquella niña que se mantenía en el aire suspendida por el batir de dos enormes y bellísimas alas, con la misma extrañeza que la señorita Casilda y que todos los demás.

—¡Que baje! ¡Que baje ese ser ahora mismo! —ordenaba la señorita.

Rosanda corrió a informar a su madre:

—Luego te explico, mami, pero es un ángel, es mi amigo, le he dicho a la señorita Casilda que es nuestro primo y tenemos que sacarla de aquí.

—¿Pero es un niño o una niña? —preguntó maravillada su madre.

¡Recontracórcholis! Todo el mundo con la misma preguntita. Qué más daría. Lo principal ahora era sacarlo del cole. Ya había padres y madres haciéndole fotos y grabándole con los teléfonos móviles. De ahí a que Albricias saliera en la tele y su vida se convirtiera en un infierno, había un paso.

—¡Que llamen a los bomberos! —dijo alguien.

—¡No, a la policía! —dijo otro.

—¡No, al zoo! —dijo un tercero.

—¡A un circo!

—¡Al Ayuntamiento!

—¡A un ministro!

Se estaban volviendo todos locos. Rosanda podía ver la angustia en los ojos de Albricias. Por primera vez el ángel temblaba y Rosanda sintió miedo por él.

—Es nuestro sobrino, no pasa nada. Es un traje especial que le ha comprado su padre en Japón. Parece que vuela, pero es un truco, un juguete... —lo justificó la madre de Rosanda.

La gente no la creía del todo, pero al menos apagaron los móviles.

—Déjenme pasar, por favor —dijo el

padre—. Baja, tranquilo… Baja con nosotros —le decía al ángel.

—Se llama Albricias —le susurró Rosanda al oído.

—Baja, Albricias —dijo el padre—. Nos vamos a casa.

Albricias miró a Rosanda. Rosanda le hizo un gesto de todo está bien. Y Albricias bajó.

En cuanto estuvo en el suelo, la madre de Rosanda le echó la capa encima, para que nadie pudiera ver ya las alas y enfilaron rápido hacia la puerta.

La gente no le quitaba los ojos de encima a Albricias. Como si fuera un extraterrestre, como si fuera un fenómeno, como si fuera… un ángel.

—Va a pilas… De las gordas… —aclaraba Rosanda a unos y a otros mientras salía, incluida la señorita Casilda, que no había dejado de observar todo lo sucedido con ojos de relámpago.

25
Operación querubín

Había que actuar rápido. Era cuestión de horas que alguno de los padres y madres que habían estado en el vestuario colgara las imágenes de Albricias en Internet para mostrar al mundo que había un niño o niña que sabía volar y que, si no era un ángel, se le parecía mucho.

«Maldita Internet», pensaba Rosanda. Ella hubiera deseado que Albricias pudiera quedarse con ellos en casa al menos unos días más. Ahora que sus padres conocían toda la historia y no estaban enfadados, hubiera sido muy bonito poder compartir más tiempo con el ángel. Pero su padre fue categórico:

—No podemos correr ese riesgo, Rosanda.

Como médico, su padre sabía que en cuanto alguien detectara la presencia de un ángel en su casa, lo primero que harían sería llevárselo. Lo pondrían en cuarentena en un hospital, que significa que durante cuarenta días estaría aislado en una habitación sin poder salir ni ver a nadie salvo a médicos, científicos y periodistas de todo el mundo, que vendrían a estudiar el fenómeno.

Porque eso sería para la gente Albricias: un fenómeno.

Y los fenómenos no tienen vida corriente. Tienen una vida, pues eso, de fenómeno. No pueden volar donde quieren, ni pueden leer cuentos cuando quieren, ni pueden hacer nada sin que miles de ojos los espíen a cada momento.

—¿Y no querrás eso para Albricias, verdad, Rosanda mía? —dijo su madre.

Y tenía razón. La realidad es que tenía razón.

—Hay que devolver a Albricias al cielo —continuó su padre.

Sin embargo, no iba a ser tan fácil.

—¡Mecachis! —dijo el padre asomándose al balcón—. Ya están ahí.

En efecto. Las cámaras de televisión y los curiosos ya tomaban posiciones frente al portal.

—¿Y ahora qué hacemos? —preguntó el padre a la madre.

La madre de Rosanda tenía muchos

defectos. Uno, por ejemplo, era regañar demasiado y ponerse tan malhumorada a veces que parecía que jamás se le pasaría. Otro, quejarse de todo y no querer bañarse contigo en la piscina o en el mar porque decía que el agua estaba fría. Pero también tenía virtudes y una de ellas era que podía arreglar cosas difíciles. Por ejemplo, ésta.

—Muy sencillo. Rosanda, Albricias, venid a mi cuarto. Octavio —le dijo al padre—, tú llama a Tomi y a mi madre y que se vengan para acá. Y que mi madre se pase antes por la tienda de los chinos y compre lo que te voy a decir. Apunta.

La madre de Rosanda había elaborado una teoría: un ángel llama mucho la atención. Dos ángeles, la mitad. No el doble. La mitad.

Dicho y hecho. En una hora estaban allí la abuela Queti y Tomi, su querido compañero.

Albricias, Rosanda y Tomi, vestidos exactamente igual. Tres túnicas iguales, tres capas iguales, tres cintas en la cabeza iguales sobre tres pelucas iguales. Y por supuesto, tres pares idénticos de alas de esponjosas plumas blancas. Sólo se les distinguía por los zapatos; cada uno llevaba los suyos.

Primero salió la abuela Queti, que estaba tan contenta de participar en el operativo querubín, como había decidido llamarlo Tomi, que no paraba de besuquear a Albricias como seguramente nadie le había besuqueado en su vida, porque, si no tienes abuela, ¿quién te va a comer a besos los mofletes por mucho que seas un ángel?

Salió del portal con Tomi, perfectamente ataviado de ángel o querubín, que es otra palabra para decir *ángel,* aunque a Albricias no le gusta nada porque dice que es la que se usa para los canijos que todavía están aprendiendo.

En cuanto las cámaras los vieron, se armó un alboroto, y un tumulto desordenado de mirones y periodistas echó a andar tras ellos calle abajo, tal y como la madre de Rosanda había previsto.

—Pero qué lista es tu madre —dijo el padre, que lo observaba todo desde el balcón—. Hala, Rosanda, ahora nosotros.

Rosanda, el segundo ángel, salió del portal de la mano de su padre. Los pocos rezagados que todavía montaban guardia por si el primer ángel volvía, se quedaron completamente desconcertados:

—¿Otro ángel?... Pero entonces..., ¿cuántos hay? ¿Y qué es esta casa? ¿Una fábrica de ángeles? —se preguntaban unos reporteros a otros.

Ante la duda, echaron a correr tras Rosanda y su padre calle arriba, en dirección contraria a la abuela Queti y Tomi. Rosanda mantenía el tipo, muy seria, aunque por dentro se reía. Le encantaba dar esquinazo a esa multitud tan pesada.

Ahora que la calle estaba completamente despejada, era el turno del auténtico Albricias y de la madre de Rosanda. La madre agarró a Mauro, agarró a Albricias y, corre que te corre, se metieron en el coche. El Diablillo Rojo esta vez arrancó a la primera y enfilaron la carretera para salir cuanto antes de la ciudad.

En cuanto los otros dos equipos de

falsos ángeles se encontraron en el lado opuesto de la manzana, los impostores, Tomi y Rosanda, se quitaron las pelucas, las alas y los disfraces ante las cámaras y demostraron así que de fenómenos, nada, y que hay que dejar en paz a la gente.

26
Código C

Tres ángeles, un tercio. Un tercio de atención, un tercio de lío. En este caso, casi nada. Habían hecho el trayecto sin problema alguno y en total secreto. Así se lo estaba explicando la madre de Rosanda a Juan Antonio Cortés, el famoso astrónomo y científico mundial que ya había cooperado con Rosanda en dos misiones anteriores: una, localizando a los Reyes Magos; dos, encontrando en Bolivia a su padre.

Estaban en la casita de la sierra de

Juan Antonio, también conocido como un hombre pegado a un bigote. Una casa donde, además de las cosas que hay en las casas (una cocina, un baño, una mesa con sillas...), había varios telescopios para observar la bóveda celeste, que así llamaba Juan Antonio al cielo.

Primero se había quedado un poquito pasmado de ver llegar a la madre de Rosanda con una niña que parecía un niño o un niño que parecía una niña.

—Ésa no es mi Rosanda —había dicho al recibir en el porche a Esmeralda, la madre de Rosanda, con Albricias.

—No, Juan Antonio. Es otro..., otra... Rosanda nos dijo que era un avestruz, pero es... —la madre de Rosanda no sabía cómo explicárselo sin que pareciera una broma—. Date la vuelta, Albricias.

Albricias se había dado la vuelta.

—Agítalas un poco, anda —le pidió la madre de Rosanda.

Albricias había desplegado y sacudido sus alas. El batir de sus extremidades generó una suave brisa que agitó los pelos de la calva de Juan Antonio. Pero Juan Antonio no estaba ni para quejarse ni para comentar nada, porque todo lo que articuló a decir fue:

—Que me mareo... Ay, que me mareo y no me tengo...

Y ¡pum!, se había desplomado.

Y es que, Juan Antonio, que ni creía en Dios, ni en milagros, ni en la magia, ni en los cuentos de hadas, ni mucho menos en los ángeles, y todo el día estaba diciendo eso de «yo sólo creo en la ciencia», había tenido que volver a casa apoyándose en la madre de Rosanda de lo turulato que se había quedado ante la visión de un ángel que se apeaba de un coche.

—No puede ser... Es imposible... —repetía el pobre hombre.

Mientras la madre de Rosanda abanicaba al astrónomo, Albricias había protestado:

—Estas alas son parte de mí, como mis brazos, mis piernas o mis orejas. Y si no te lo crees, bigotazos, no te lo creas. A mí plin. Qué tercos sois los humanos, ¿eh? Tercos como mulas.

Pobre Albricias. Estaba empezando a estar harto de ser un bicho raro y vivir escondido. A lo mejor era cierto que había llegado el día en que tenía que regresar a su casa, su nube o donde fuera que viviera. Y ése era exactamente el motivo por el que estaban en casa de Juan Antonio Cortés. Si alguien podía ayudarlos era él. No sólo porque vivía en mitad del campo, donde no hay ni teles ni fisgones, sino porque se conocía los mejores senderos de la montaña, las cimas más tranquilas para contemplar las estrellas y los planetas, y los más adecuados rincones para que un ángel diese el salto de vuelta al cielo.

Rosanda, su padre, la abuela Queti y Tomi llegaron enseguida.

—Qué gente más merluza —decía la abuela riéndose—. Todavía están frente al portal de vuestra casa montando guardia con las cámaras. Creen que Alegrías está dentro.

—Alegrías no, abuela, Albricias —la corrigió Rosanda.

—Bueno, es que Albricias significa Alegrías —explicó la abuela—, y el que tiene boca se equivoca.

¡Ah, conque eso significaba Albricias! Rosanda no tenía ni idea. Ahora que lo sabía le parecía más bonito nombre todavía.

Pero Rosanda no estaba muy feliz. Más bien estaba mustia. Su amigo el ángel se iba. Seguramente para siempre, y aunque Rosanda comprendía que era lo mejor, que no quedaba alternativa, no sabía cómo se iba a acostumbrar a vivir sin algo tan bueno.

—¿Volverás? —le preguntó en cuanto los mayores los dejaron tranquilos un momento.

—No lo sé, Rosanda. Piensa que encontrarnos en el hipermercado fue un accidente. No está previsto que los ángeles nos mezclemos con los humanos —respondió Albricias.

—¿Por qué? —preguntó Rosanda.

—Porque nunca sale bien. ¿No lo has visto esta mañana? —dijo Albricias—. Los ángeles existimos para otras cosas. Solucionamos problemas de otra manera. Os acompañamos, pero no debemos hacer las cosas por vosotros.

—Pero yo no le dije a nadie que estabas en mi cuarto. Todo estaba saliendo muy bien —Rosanda insistía, cada vez más cerca de las lágrimas—. Yo no quiero que te vayas. Yo...

—Sí, hasta que caíste en la tentación —contestó Albricias.

—¿Qué tentación?

—Me pediste que desinflara las ruedas

de tu padre, me pediste que fuera al colegio y ayudara en la función... —explicó Albricias.

Rosanda guardó silencio.

Albricias continuó:

—Eso nunca sale bien. Nunca. Todos los ángeles lo sabemos. ¿O te crees que a mí no me va a caer una bronca ahora cuando vuelva?

Rosanda lloraba. No quería, pero gruesas lágrimas rodaban de sus ojos.

—No te pongas así —le decía Albricias—. Piensa que ha sido divertido conocernos. Que podíamos no habernos cruzado nunca. A mí me ha encantado vivir contigo estos días...

—Ya, pero... —Rosanda no sabía cómo explicar el pesar que tenía en el corazón—, pero ahora te vas. Para siempre.

—Tienes otras cosas, Rosanda, igual de buenas. Aunque no te des cuenta, las tienes.

Desde el salón llegaban las voces de los mayores que planificaban el nuevo operativo: código C, de cielo.

—Tienes familia, tienes amigos, algunos excelentes. Y tendrás muchos más. Amigos nuevos a los que todavía ni siquiera conoces. Podrás compartir con ellos tus secretos y los cuentos mejores y los juguetes y hasta preguntar la hora y que te digan...

En ese momento entró Tomi y dijo muy en serio:

—Son las fresas menos plátano. Más vale que nos pongamos en marcha. Código C activado.

Rosanda y Albricias se echaron a reír.

—¿Qué os hace tanta gracia? —preguntó Tomi.

Rosanda recordó cuánto habían disfrutado de esta aventura juntos y pensó que era cierto, que Tomi era un buen amigo. Un amigo formidable que estaba dispuesto a venir a buscarte en taxi, a esconder a un chico con alas en un portal, ¡y hasta a ceder el fantástico personaje de árbol en llamas!

Pero no era un ángel. No era Albricias.

27
Entre luces

Caminaron juntos. Caía la tarde y se acercaba esa hora distinta en la que el día deja paso a la noche, un tiempo que no pertenece a nadie porque ni empieza la una ni acaba el otro. Es la hora favorita, no sólo mía, que os cuento este cuento, sino también de los pájaros, que se alborotan con un sinfín de trinos para recordar juntos las andanzas del día.

Abuela, padres, Juan Antonio, Tomi, Rosanda y el ángel guardaban un silencio misterioso y respetuoso. Hasta Mauro, el pequeño, guardaba silencio, dormido en brazos de su padre.

Atajaban por la senda de montaña y escuchaban lo que pasaba fuera, en el aire y en los árboles, y lo que pasaba dentro, en sus mentes y corazones.

—Entre luces estamos —dijo la abuela suave y bonito justo en el momento en que Juan Antonio se había detenido en una suerte de mirador natural cerca de la cima de un montecillo.

Se divisaba el pueblo abajo, chiquitito.

Había llegado el instante temido. Tocaba la despedida. El ángel fue dando la mano uno por uno a todos, salvo a Tomi, a quien le dio un abrazo, y a Mauro, a quien le hizo una pedorreta en el cogote, provocando su risa.

Rosanda era la última. Se abrazó al ángel.

—Gracias, Rosanda. Has sido muy cariñosa conmigo. Gracias por todo.

Pero Rosanda no le soltaba. Le dolía separarse de él.

Entonces el ángel le dijo en un susurro:

—¿Te acuerdas de lo te expliqué cuando nos conocimos?

Rosanda no podía contestar. Sólo lloraba.

—¿Eso de que nosotros los ángeles nacemos de muchas cosas, pero sobre todo de lo que pensáis y de lo que sentís las personas?

Rosanda asintió. Lo recordaba, recordaba cada instante juntos, pero eso sólo hacía más difícil separarse de él. Era bueno estar tan cerca de alguien.

El ángel, pacientemente, la acariciaba.

—Las personas estáis hechas de lo que vivís, pero también de lo que habéis vivido y para eso tenéis el don de la memoria. Yo estoy dentro de ti, como estoy fuera, y no seré menos real porque no puedas verme.

—No es lo mismo —protestaba débilmente Rosanda entre lágrimas.

—No lo es y sin embargo es igual de importante. Cuando necesites verme —continuó Albricias—, cierra los ojos y piensa en las tres eses.

—¿Qué tres eses? —Rosanda no las conocía.

—Serenidad, sentimiento y suspiro. Te llevarán a mí y a todo lo que guardas dentro.

Albricias cogió la mano de Rosanda y dibujó tres veces una ese invisible. Luego volvió a cerrársela.

—Cuando me eches mucho de menos porque las cosas vayan demasiado rápido o demasiado despacio, cuando creas que me necesitas porque desees algo nuevo o pierdas algo antiguo, cuando creas que no tienes nada o creas que todo te sobra porque pesa demasiado, acuérdate. Tres eses.

Amarrada a un tesoro imaginario que cabía en un puño, ella miró los ojos cálidos y profundos de su amigo-amiga. Había sido difícil entenderlo la primera vez y más dificil era aceptarlo ahora, pero Rosanda en este momento sentía a Albricias tan cerca de su corazón y de sus pensamientos, que empezó a comprender.

Al fin se sintió con fuerzas y liberó al ángel de su prieto abrazo.

—¿Sereniedad, sentimiento y suspiro?

—Un suspiro hondo para echar fuera la pena —confirmó Albricias—. Suspira conmigo.

Suspiraron. Rosanda sonrió un poquito.

—Adiós, Rosanda.

—Adiós, Albricias —musitó al fin la niña.

—Te quiero hasta las acelgas —se despidió el ángel.

Tras lo cual, levantó el vuelo.

Ángeles González Sinde

Nació en Madrid en 1965 en una familia de gente dedicada al cine. De niña le gustaba mucho ir al colegio y todavía hoy sus compañeros siguen siendo sus amigos. Más tarde estudió filología clásica y cine en distintas universidades españolas y extranjeras. Ha escrito guiones de películas y series de televisión y ha ganado dos premios Goya. Le encanta escribir para niños porque los niños son más libres que las personas mayores. Tiene dos hijas muy divertidas que le inspiran muchas historias. También ha escrito teatro infantil y para adultos. En 2009 fue nombrada por el presidente Rodríguez Zapatero Ministra de Cultura, un trabajo de mucha responsabilidad, pero que disfruta. Nada le gusta más que conocer a los niños lectores que siguen las aventuras de Rosanda.

Ilustradora

Noemí Villamuza Manso nació en Palencia en 1971. Aficionada a dibujar desde niña, es la mayor de cuatro hermanas. Se licenció en Bellas Artes en la Universidad de Salamanca. Allí encontró el sentido profesional del dibujo: la ilustración. Después de ilustrar incansablemente en unos cuantos libros de texto, comenzó a trabajar para crear cuentos.

Marchó a vivir a Barcelona —donde continúa residiendo— en el año 1998 y es entonces cuando inicia verdaderamente su trayectoria editorial.

Hasta la fecha tiene publicados mas de treinta títulos en el ámbito de la literatura infantil y juvenil. También trabaja como profesora de futuros ilustradores en la Escuela Massana.